死刑について私たちが知っておくべきこと

丸山泰弘 Maruyama Yasuhiro

★——ちくまプリマー新書
491

はじめに

みなさんは死刑に賛成ですか？　反対ですか？

そして、それはどういう理由からですか？

すでに死刑制度に対する思いに結論を持って本書を手に取った方々も、これから読んで考えたいと思っている方々もおられるでしょう。様々な意見があって、賛成の人も反対の人もいるかと思います。いま1行前に「様々な意見がある」と書いたのですが、内閣府の調査によれば約8割の方々が死刑制度に賛成であると答えていると言われています。そこから推察すると実際には本書を手に取っている人、そしてこれから読まれる人の多くは「死刑存置（死刑賛成）」と考えている人が多いのかもしれません[1]。

内閣府の世論調査（5年ごとに調査されるもので、ここでは2019年に実施されたものを紹介）によれば「死刑は廃止すべきである」とした人が9・0％で、「わからない・一概に言えない」とした人が10・2％、そして「死刑もやむを得ない」とした人が80・

8％となっています。このデータを基にして、法務大臣の所信表明などでは頻繁に「国民の8割以上が死刑制度について賛成であるとしており、廃止かどうかの議論は時期尚早である」といったことが語られます。

そこで、立ち止まって改めて考えてみてほしいのが、「果たして、死刑とはどのようなもので、どのように運用されているのか」をよく理解して「死刑存置（賛成）」と答えているか？ということです。あるいは、よく分からないけど、何か残虐なイメージだから「死刑廃止（反対）」と答えていないだろうか？ということです。

本書の目的は、読み終わった後に死刑存置派を死刑反対派にすることでもなければ、死刑反対派を死刑存置派にすることでもありません。読者の皆さんが自分自身の答えとして賛成か反対かを考えるときに、死刑のことをどれだけ理解していて、そして死刑制度そのものを維持するために日本の刑事司法制度はその議論に堪えうるものを持っているのかどうかを知ってもらうというところにあります。

例えば本書の中でも紹介しますが、同じように死刑を維持している経済大国として著名な国としてアメリカが挙げられるかと思います。アメリカは州ごとに存置と廃止が分かれており、連邦においても何度も死刑制度が憲法違反か合憲かが争われ、その度に憲法違反であれば廃止し、その修正を試みて、それで問題がなければ死刑制度を再び合憲として維持するというふうに修繕を加えながら、これまでの方法では問題がないかを振り返りながら展開されている制度であると言えます。そして、死刑を維持していくのか、もしくは廃止になっていくのか、その答えが出るまでは、後で取り返しのつかないことになっては困るので、議論の間は執行を停止して全員で考えようとする「執行停止」(モラトリアム)を実施するところもあります。

一方で、日本における死刑制度の議論はどのように展開されているでしょうか。政治家をはじめ、多くの専門家も「時期尚早」という言葉で議論することを諦めていないでしょうか。死刑判決が裁判の焦点となる事件は被害が甚大で凄惨な事件が多いことから、どうしても被害者の無念の思いを考えると、「死刑はやむを得ない」と考える人がいることも理解できます。そして、必要な被害者支援としてやるべきことは120%で対応する(それでも被害者の願いは失った人を返してもらいたいというものがあるので、必ずしも希望の全てを叶《かな》えられるものではないのですが、それでもできることを精一杯返していく)

ということもとても重要です。

ただ、その時に考えてほしいのは、あなたが考える「被害者」は、本当にそのような被害者だろうか？　ということです。日本の殺人事件は約半分の44・7％が親族関係で起きています。これは他の刑法犯の被害者と加害者の関係よりも多い犯罪類型に当たります（2位の暴行で約30％、続く傷害と放火で約25％です）。さらに、殺人の加害者と被害者との関連では、先の親族以外で友人・知人などの面識ありの関係が39・7％と面識のある関係性で起きています。つまり先の親族も合わせると家族・面識ありの加害者と被害者の関係が85％近くになっていることから、日本の殺人事件は親族ないし知っている人が加害者であり被害者でもあるということです[2]。

被害者が極刑を望んでおり、自分が被害者遺族であれば殺人犯を許せないし、被害者遺族は死刑を望んでいるという言説をよく見聞きします。もちろん、そのように考えておられる被害者の方々もいらっしゃるのは現実でしょう。しかし、すべての被害者がそのように考えていらっしゃるでしょうか。それは通り魔のようにいきなり事件に巻き込まれた被害者を想像した言動だと思いますが、先に紹介したように、多くの事件はそのような被害者と加害者の関係ではありません。「被害者とはこういうものだ」というステレオタイプな被害者像を全ての被害者に押し付けることも、被害者が望んでいない「支援」という名の被害者差別を生み出してしまうことにもなりかねません。多くの刑事事件において、事態はより複雑な社会的背景と人間関係を持っています。

例えば、12歳で母親を亡くし、2年後に実の父親が犯人であることが判明し、非行にはしり、ホームレスとなり、自殺未遂を繰り返しながら、死刑判決となった父と面会を重ねたことで気持ちの変化が生まれてきたという、死刑確定者の家族であり、被害者遺族でもある大山寛人《おおやまひろと》さんはご著書で次のように書かれています。

母さんへ

母さんを殺した父さんの死刑を望まない僕を、母さんはどんなふうに思っていますか？

それを母さんの口から聞くことは、もうできません。

きっと母さんは、父さんをかばう僕を見て、悲しんでいるのではないかと思っています。

僕は、父さんを許したわけではありませんし、これから先も許すことはできません。

もし、父さんが死刑になることで母さんが生き返るのなら、僕は父さんの死刑を望んだでしょう。

しかし、それは叶わぬ願いです。

父さんは心から反省し、毎日のように後悔し続けています。

その思いが、ひしひしと伝わってきました。

父さんが死刑になったとしても、何も変わらない。

だからこそ、これからも生き続け、反省し続けて欲しいと思いました。

どんな残酷なことをした人でも、僕にとってはたった一人の父親です。

僕はもう何も失いたくなかった。

母さんを裏切るようなことをして、ごめんなさい。

大山寛人『僕の父は母を殺した』
（朝日新聞出版、２０１３年、１９４‐１９５頁《ページ》）

繰り返しとなりますが、被害者支援は全力で取り組むということは当然であるのですが、それがイコール「被害者のために死刑を執行する」ということにはならないのではないか、ということです。もちろん、加害者に対して死刑を望む被害者も実際におられますが、決して死刑を望む被害者だけではない（さらに同時に加害者家族でもあることが多い）という現実も考える必要があります。

私は法学部の教員であるので、毎年のように1年生の基礎ゼミや自身の刑事政策・犯罪学ゼミで死刑制度について調べ報告する学生と対峙《たいじ》します。教員歴としては決して長いと言えるものではないですが、この15年ほど学生から出てくる議論は「死刑に抑止力がある or 抑止力はない」、「冤罪《えんざい》があったらどうするのか・冤罪の問題は死刑に限られた問題ではない」といったもので、少なくともここ数年で学生の議論に大きな展開は見られません。これは大学内の初学者に限ったことではなく、社会においても大差はないのではないでしょうか。

個人的には、抑止力が「ある」又は「ない」といった何のエビデンスにも基づかない、永遠に続く水掛け論や、答えの出ない感情論が繰り返されていることに対して何か別の論点を考えるきっかけを作りたいと常々考えていました。

もちろん、冤罪があり、間違って執行されることがあれば、それひとつで死刑制度の根幹を揺るがす問題であると言えますし、突き詰めて追求することは大事であることに異論はありません。実際に、イギリスでは国民の多くが死刑制度に賛成であったにもかかわらず死刑制度を廃止にした要因のひとつに、冤罪により死刑判決を受けた人が死刑の執行をされてしまったことがあるとされています[3]。

誤解を恐れずに言えば、先の内閣府の世論調査の回答のひとつである「死刑もやむを得ない」と考えている人の中に「どんなことがあっても、どんな間違いが起ころうとも死刑を絶対に行うべし！」という極端な絶対的死刑存置論者であり、極論で考えている人は本書の対象ではありませんので、この時点で本書を閉じて本棚に返してくださってかまいません。

そうではなく、「今のところ死刑には賛成だけど、テキトーな方法で死刑を決めて、テキトーな方法で死刑を執行して、何十年と続く問題を無視しながら死刑を維持するのではなく、死刑を維持するとしても、維持するに足りる法制度なり、刑事司法制度の運用があり、あらゆる議論を乗り越えた上で、法治国家として説明ができて、初めて死刑制度を維持すべきではないか？」と考えている死刑存置論の人たち、そして死刑には反対なのだけど「なんとなく廃止と思っているが、存置派と話すときに感情で話してしまう」人たち、そして「まずは死刑とそれを取り巻く問題はどのようなものがあるのか考えたい」という人たちと一緒に、「死刑ってなんだろう」と考える構成となっています。

目次＊Contents

第1章　死刑はどのように運用されている？

日本の刑事司法制度や死刑制度で知ってほしい問題点や、筆者が課題と考える論点に触れる前に、まず第1章では「死刑ってなんだろう」という本書の問題意識から純粋に生じる疑問に答えたいと思います。死刑はどのように運用されているのかを一緒に確認していきましょう。

1　どんな犯罪が死刑になるのか

死刑が言い渡される可能性がある犯罪が規定されているのは、いわゆる六法のひとつである「刑法典に規定されている犯罪」と、それ以外の「特別法に規定されている犯罪」と大きくふたつに分かれています。

歴史的に見れば、明治時代から戦時中にかけて「死刑」が適用される可能性があったのは大逆罪（皇族の方々に危害を加えることなどを犯罪として規定していたもの）や利敵行為などで、それらが規定されていた戦時刑事特別法は戦後に廃止されています。1946年11月3日に日本国憲法が公布され、1947年の5月3日から施行されたことに伴って、同年11月に刑法の一部改正が行われて、これらは廃止されています。また、現在では刑法典から削除されていますが、以前は存在していたものとして、直系の親や祖父母等を殺害した場合に適用される尊属殺人罪にも死刑が規定されていました。しかし、これも1973年に最高裁判所が違憲とする判決を下し、1995年にその他の尊属重罰規定とともに廃止されました。

刑法に規定されている「死刑」がありうる犯罪

現在、日本で刑法に規定されており「死刑」が適用される可能性があるものは、以下の通りです。

【政治犯として】

・内乱罪（77条1項）

・外患誘致罪（81条）
・外患援助罪（82条）

【公共の危険犯として】
・現住建造物等放火罪（108条）
・激発物破裂罪（117条）
・現住建造物等浸害罪（119条）

【「行為そのものにある刑罰には死刑がない」もののそれを行ったことで、重大な結果が起きてしまった場合に死刑が適用される可能性があるものとして】
・公共の危険犯の結果的加重犯に汽車転覆等致死罪（126条3項）
・往来危険による汽車転覆等罪（127条）
・水道毒物等混入致死罪（146条）

【生命犯として】
・殺人罪（199条）
・強盗致死罪（240条後段）
・強盗・強制性交等致死罪（241条3項）

これらのうち、外患誘致罪は唯一「死刑」を刑罰の中で裁判官が選べるのではなく適用される刑罰が「死刑」のみの一択である「絶対的死刑犯罪」となっています。逆に考えると、この外患誘致罪以外の犯罪は、選択肢がいくつかある中に「死刑」があるというものです。例えば、殺人罪を規定している199条は「人を殺した者は、死刑又は無期拘禁若しくは5年以上の拘禁刑に処する」（2025年6月から「懲役刑」と「禁錮刑」は廃止され、「拘禁刑」となる）としていて、事案によって選択される刑罰が死刑以外にも無期拘禁や有期拘禁判決の選択が可能となっています。

以上のように法律で死刑が適用される犯罪が刑法で規定されているのですが、実際にはどのような犯罪類型に適用されているのでしょうか。戦前には「5・15事件」にて死刑が求刑されたことや、「2・26事件[1]」で死刑が執行されたこともありました。そして幸徳事件[2]などの大逆事件、そして戦後にも松川事件などの汽車転覆等致死罪と殺人罪の併合罪で死刑が適用されることがありましたが、近年においては殺人や強盗殺人などの生命犯罪以外で死刑が求刑されることはほとんどなくなっています。

特別法に規定されている犯罪

また、刑法に規定されている以外の特別刑法にも死刑が規定されています（刑法以外にも罰則がついていますが「犯罪」として捉えるものがいくつかあります。例えば、交通違反は刑法に規定されているのではなく道路交通法という特別法で規定されています。また、覚醒剤の使用や所持については刑法ではなく覚醒剤取締法という特別法で規定されています）。

この特別法で死刑が規定されているものは以下の通りです。

・爆発物使用罪「爆発物取締罰則」（明治17年）
・決闘殺人罪「決闘罪ニ関スル件」（明治22年）

【公安犯罪の取締法規】
・航空機強取（ハイジャック）等致死罪
・航空機墜落等致死罪
・人質殺害「人質による強要行為等の処罰に関する法律」

【国際条約との整合性のために制定されたもの】
・組織的殺人罪
・海賊行為致死罪

このように、現在の日本で死刑が規定されているのは、刑法で12類型、特別法で7類型となっていることが分かります。近年の死刑判決の傾向を見ると、特別法による適用は見られず、刑法による犯罪類型で死刑が言い渡されることが実際の裁判では主になっていて、特に被害者の生命が奪われた一般刑法犯で死刑が求刑され判決が下されることが実際の刑事裁判で取り扱われるものとなっていることが分かります。

一方で、これら死刑を規定している犯罪を考えてみると、理論的には絶対的死刑を刑罰にもつ外患誘致罪に注目すれば、実際の被害者が1人も出なかった場合でも死刑が適用されることがありうることになります。被害者のために死刑はやむを得ないという言説がよく聞かれますが、「事件により被害が甚大で、被害者のための死刑の運用」ということも説明が困難となることがあるかもしれません。

2　死刑はどのぐらい言い渡され、どのぐらい執行されているのか

読者のみなさんが最も身近に「死刑」について考える可能性があるとすれば、それは裁判員裁判で裁判員として事件を担当するときではないでしょうか。みなさんが裁判員に選出され、そして死刑を言い渡す可能性はどれぐらいの確率であるのか見てみましょう。

裁判員として死刑を言い渡す確率

まず裁判員に選ばれる人の総数についてです。２０２３年に裁判員に選ばれた市民の数は４７１４名でした[3]。加えて、長期化した際に裁判員がやむを得ない事情などによって代わらないといけない事情が生じた時のために、新たに裁判員が加わって再び裁判を最初からやり直すわけにもいかないので、最初から補充要員として参加する補充裁判員がいます。この数は２０２３年で１６１０名でした。合計して、裁判に関わる人数を考えると、全国で１年当たり全有権者の１万６６００人に１人程度であり、裁判員になる確率としては０・０１％程度とされます。ここまでが、まず裁判員になる確率でした。

次に、その確率で仮に裁判員になったとして、実際に死刑が言い渡される事件はどの程度あるのでしょうか。２０２３年の裁判員裁判の対象となった事件は８２８件であり、そのうち第一審で死刑判決が出たのは１件ですので、０・１％ほどとなります。

このように、そもそも裁判員に選出されること自体が確率としてかなり低いものであり、さらに呼び出されたとしても当該事件の判決が死刑となる確率はかなり低いことになります。

もちろん、上記の数字は死刑判決が出たのが2023年は1件のみだったというだけです。補足すると2020年は3件、2021年は3件、2022年は1件の死刑判決が出ています。検察官の求刑が死刑であったにもかかわらず裁判官と裁判員の議論の結果、無期懲役となった事例や有期懲役となった事例も当然に存在します。さらに、裁判員として皆さんが関わった第一審の裁判では死刑判決が出ても高等裁判所や最高裁判所で別の刑罰が言い渡されることもあれば、その逆で裁判員裁判では死刑以外の判決が出されたとしても控訴審や上告審で死刑判決が出ることもあります。上記の数字はひとつの目安として考えてください。

死刑判決・確定・執行の数

また、近年の死刑の判決は上記のような数字となっていますが、日本の治安悪化が世間で注目されるようになり、認知件数が増加し、検挙率が低下したと世間では騒がれていた2000年代前半から中盤にかけて、刑事政策の様々な場面で厳罰化の影響が見られることがありました。それは死刑判決についても同様のことが言えます。

１９９０年以降に死刑判決の数は1桁台であったのですが、２０００年代の初期から中盤までは軒並み2桁台の死刑判決が出されています（第一審での死刑判決の数は、２０００年は14件、２００１年は10件、２００２年は18件、２００３年は13件、２００４年は14件、２００５年は13件、２００６年は13件、２００７年は14件、２００８年は5件、２００９年は9件でした）。これらは、死刑判決に不服を申し立てることもありますので、その後に高等裁判所に控訴され、さらに不服がある場合には最後に最高裁判所に上告されることがあります。少しずつ地方裁判所・高等裁判所・最高裁判所のそれぞれで徐々に死刑判決の数は後年にズレていくことになります。

最終的に死刑が確定した数をみると（控訴をせずに地方裁判所で確定することもあれば、最高裁判所まで争って確定することもあります）、２００３年までは1桁台であったものが、２００４年以降に2桁台で推移します（死刑確定の数は、２００１年は5件、２００２年は3件、２００３年は2件、２００４年は15件、２００５年は11件、２００６年は20件、２００７年は23件、２００８年は10件、２００９年は18件、２０１０年は8件、２０１１年は24件、２０１２年は10件、２０１３年は7件）となっています[4]。

では、死刑執行者数はどのようになっているでしょうか。日本の死刑執行者数は２０１０年が２名、２０１１年が０名、２０１２年が７名、２０１３年が８名、２０１４年が３名、２０１５年が３名、２０１６年が３名、２０１７年が４名、２０１８年が15名、２０１９年が３名、２０２０年が０名、２０２１年が３名、２０２２年が１名、２０２３年と２０２４年は０名でした。

直近で10名以上の執行が行われた２０１８年は、いわゆるオウム真理教関連の死刑確定者に対する執行が行われ、執行が行われる拘置所の前などにマスコミが押し寄せる事態となり、同日・同時に複数人を執行するという前例のないことが起きたことに加えて、事前にマスコミ等に情報が提供されているのではないかということなどを含めて議論が巻き起こった年でした。マスコミが事前に知っているのがなぜ問題なのかと考える人もいるかもしれません。もし仮に事前に知っているとした場合ですが、後で述べるように死刑確定者の家族や、本人には事前に知らされない死刑の運用となっているにもかかわらず、なぜマスコミには知らせるのかが問題となるからです。

3　死刑はどうやって執行されているのか

現在の日本の死刑は絞首刑という方法で執行されます。目隠しした状態で、ボタンを押すと開く踏み板の上に死刑が執行される人を立たせて、首に縄をかけます。踏み板が開くと、首に縄がかかったまま地下に向かって落下し、およそ地面から30センチ離れた状態で宙吊《ちゅうづ》りにされます。これは、明治6年の太政官布告第65号によって定められた絞首刑の執行方法です。

微調整による変更はありますが、基本的には150年以上にわたって運用方法に大きな変化はありません。この太政官布告には、「両手を背中で縛り、紙で顔面を覆い、絞首台に登らせて、踏み板の上に立たせて、その次に両足を縛り、その者の喉に当たるように縄を輪にしてあて、その輪にしている鉄管を頭の後ろに置いて固く締め、踏み板が開くと死刑囚の体は地面からおよそ30センチの高さで宙吊りとなる。そして、およそ2分が経過したのちに、死亡を確認し、縄を解いて降ろす」ことが書かれています。

その後、細かな部分は現代になるにつれて変更はあるものの、基本的には同じように執行されています。ただ、その太政官布告からの重要な変更点としては次のようなものがあります。まず、2人同時に執行できる装置を1人だけが執行できる装置に変更されました。次に2階から1階へと宙吊りにされるとしていたものが、1階から地下へ宙吊りにされるような刑場へと変更されています。次に、執行の際に顔を覆うものが紙ではなく布へと変更され、最後に執行開始から縄を解くまでの時間が2分から、死亡の確認をしてから5分に変更となっています。

上記のうち最後の「2分から5分」へと変更になったもの以外で法令の根拠となるものは見当たらないとされています。つまり、150年以上前の執行方法が基本的には維持されており、上記のような微調整が行われているものは法令などによらず変更がなされています。縄の長さや執行方法の具体的な部分は法律や命令などで定められていないということの問題性が研究者や弁護士会などから指摘されています。なぜなら実際にどのような基準で、どのような経路を辿《たど》り、どのように執行されているのかが明らかにならないためです。また、施設内部でどのような取り決めをしているのかも不明瞭なままになっています。

刑務官にとっては「最も困難かつ不快な業務」

実際に執行する場面はどのようになっているでしょうか。残念ながら議論の土台となる死刑の執行そのものに関する細かな情報は法務省から報告されていないため不明な点は多く、また死刑執行に携わった刑務官がその体験談を話すことも少ないためにハッキリとしない部分も多いです。

しかし、法務省が東京拘置所の内部写真を一部公開したことがあります。その写真によれば、縄と踏み板がある執行される部屋の外側に、ボタンが3つ設置されており、3人の刑務官が同時にボタンを押すことで踏み板が開くようになっているとされています。同時に押すボタンが3つあるのは、自分が死刑を執行した本人であると考える刑務官への精神的負担を軽減するためだと言われています。

また、元刑務官であった坂本敏夫《さかもととしお》さんによれば、「死刑の執行は行刑業務中で最も困難かつ不快な業務であり、失敗は許されないもの」として紹介されています[5]。坂本さんは「死刑の執行は処遇部門の警備隊という組織が担っており、隊長や副隊長など15名ほどで、死刑確定者たちの運動や入浴などの日々の処遇にも直接あたっている。この警備隊に所属する刑務官は死刑執行に関わることになり、執行の当日には独房から死刑場までの連行、死刑執行言い渡し時の立ち会い、手錠をかけ顔を覆う布を結び、刑壇《けいだん》に立たせて足を縛り、首に絞縄をかける。そして、執行後は縄を解き、検視後に湯かんをして、宗教に合わせた装束を着せ納棺する。また通夜や葬儀に当たる教誨《きょうかい》に立ち会い、棺《ひつぎ》を遺体運搬車に載せ、出棺の際には整列し敬礼で見送る」ことになり、職務とはいえ甚大な精神的苦痛を伴うものであるということも指摘されています。

執行に至る場面について、違ったポイントも確認してみましょう。法令によって死刑は非公開で行われることになっていますが、先ほども書いたように法務省からはその他具体的な情報は公開されていません。そこで、先の坂本さんの手記をもとに死刑執行の現場がどうなっているか確認してみます。

まず、執行がなされるときは、どのタイミングで本人に知らされているのでしょうか（例えば、アメリカでは遅くとも死刑執行の1カ月前に告知されています）。少なくとも50年ほど前までは、執行の前日または前々日に告知し、家族に別れの言葉を伝える機会があったと言われています。1955年2月に死刑執行の2日前に所長室において執行の言い渡しから死亡の確認がなされるまでのやり取りが録音されたものから、以前はこのような運用がなされていたことが分かりました。この録音テープは玉井策郎拘置所長が在任中の6年間で、現場で立ち会った死刑執行の一部を教育課長に命じて録音させたものだと言われています。

その後、1970年に死刑確定者の処遇が「集団処遇」から「単独処遇」に変わっていき、集団で過ごすことがなくなった死刑確定者は単独房で過ごすことになっています。面会も家族など一部の人に限定されていきます。さらに、逃走と自殺防止のためのカメラが単独室の天井に設置され24時間の監視を受けています。

4　死刑は歴史的にどのように変わってきたのか

刑罰としての死刑の起源としては、神への生贄《いけにえ》や血の復讐《ふくしゅう》といった形で古代社会から行われていました。世界中で運用されていたもので、歴史上で死刑を運用しなかった国は存在しないと言われています[6]。

日本国内で見ていくと、武家社会の繁栄やその後の展開が進む中で、死刑は見せしめとして、見た目にも残虐さが強調されていた時代がありました。死刑の方法も首切りや縛首、磔《はりつけ》だけでなく、串刺しや鋸引《のこぎりび》き、牛裂き（縄の一方を死刑囚の手足に結び、もう一方を牛に結び付けて、四方に引っ張らせる方法）や車裂き（左右の手足を紐《ひも》で結び、もう一方を馬がひく荷車に結んで左右に引っ張らせる方法）などの死刑が運用されていた時代もあります。これらの時代は、処刑を受ける者に苦痛を与えることがその目的のひとつとして組み込まれていたとされ、残虐な処刑方法が生み出されていました。

その後、死刑だけでなく刑罰のあり方が、より人間の尊厳を重視したものへと変わっていき、死刑の種類も過酷なものから緩和されたものへと変更されていきました。現在から考えれば目を覆いたくなるような方法がまだ残されてはいたものの、徐々に江戸時代の末期に向かって死刑の残虐さも緩やかなものへと変更していっています。

そして、明治時代が始まり、文明の到来が意識された中で、明治元年には新政府最初の刑法典である仮刑律によって6種類の死刑執行方法が記されています。この時には、「絞《こう》」・「刎《ふん》[7]」・「梟《きょう》[8]」・「斬」・「磔《たく》[9]」・「焚《ふん》」が規定されていました。その後、明治3年の新律綱領では、このうち「絞」・「斬」・「梟」の3種類に減りました。もっとも、この時期の「絞」の執行方法は、絞柱式と呼ばれる執行法で行われており、現在の絞首刑とは方法が少し異なります。縄をかけた後に床板が開き宙吊りになるという現在の方法ではなく、絞柱式とは柱に死刑囚が縛られて、首にかかった縄の先に錘《おもり》が付けられ、それを執行する者が手から離すと絞首刑になるようになっていました。

しかし、この方法では、死刑囚の執行時の苦しみ方が酷《ひど》かったことなどを踏まえて、明治6年に太政官布告第65号により現在のものに近い「絞架式」と呼ばれる、台に登り床板が外れて執行するという方法に変更されていきました。そして、明治13年からの旧刑法では絞首刑のみとなり、現行刑法である明治40年には刑法典で死刑の執行方法は絞首刑のみと定められています。

海外における死刑の運用

この絞架式はイギリスの死刑執行方法を参考にしているとされていますが、当時の海外の死刑の運用はどうなっていたのでしょうか。

死刑が適用される犯罪は少しずつ縮小されていき、執行方法もより残虐でないものになるように変化が求められていきました。例えば、イギリスはショート・ドロップ方式と言われる落下距離が短い方法で執行されており、これは落下距離が30センチほどであったとされます。しかし、より苦痛が縮小されるようにと考えられたものでしたが、実際にはゆっくりと首が閉まっていく執行方法であったために、執行される者は苦しむことが多かったようです。そのため、落下距離が約2メートルほどのロング・ドロップ方式と呼ばれるものに変わっていきました。絞首刑を行っている国に、このロング・ドロップ方式が広まっていき、日本もその中のひとつとなっています。

アメリカでも広く絞首刑が運用されていましたが、その残虐性が以前から問題となっており、19世紀の末には多くの州で絞首刑に代わり電気椅子が使用されるようになっていきます。しかし、その電気椅子も残虐性が問題となり、薬物投与によって眠るように亡くなるという方法が採られています。残虐な刑罰は禁止されていることから、このように徐々に「人道的」とされる執行方法へと変わっていったのですが、この薬物投与でも注射の針が通りにくい腕であったり、苦痛を訴える人も出たことでアメリカでは議論が起きています。２０２４年にはアラバマ州で窒素吸入による執行も行われました。これについては、当該死刑判決を受けた死刑確定者本人も執行の差し止めを求めていましたが、いずれも退けられています。さらに、国連の人権高等弁務官も国際人権法が禁止する拷問やその他の残虐で非人道的な処遇、または尊厳を傷つける処遇にあたるとして処刑を停止するように求めていました。

ＥＵ諸国では、20世紀初頭から徐々に死刑そのものが廃止に向かっていきます。ヨーロッパ各地で「刑罰博物館」に行ってみると、「死刑は１００年ほど前には運用されていた残虐な刑罰であって、歴史のコーナーで１９００年代にはこのようなものがあったのだ」という紹介がなされていることに気づくかと思います。

5　死刑を取り巻く世界の動向

アムネスティ・インターナショナルの報告書[10]によれば、死刑制度を存置する国は世界的に少数派となってきているものの、２０２１年の執行数は増加傾向にあると言われています。これは数少ない執行国の中で突出して執行をしている国があることや、実際の数が公表されておらず実情を完全に把握することも難しいとされています。

２０２１年に死刑を執行した国は、バングラデシュ・ベラルーシ・ボツワナ・中国・エジプト・イラン・イラク・北朝鮮・オマーン・サウジアラビア・ソマリア・南スーダン・シリア・アラブ首長国連邦・ベトナム・イエメン・アメリカ、そして日本の18カ国です。それらの執行方法は、斬首（サウジアラビア）、絞首（バングラデシュ・ボツワナ・エジプト・イラン・イラク・南スーダン・アラブ首長国連邦、そして日本）、致死薬注射（中国・ベトナム・アメリカ）、そして銃殺（ベラルーシ・中国・北朝鮮・ソマリア・イエメン）です。

ＯＥＣＤ（経済協力開発機構）の38カ国で死刑を維持しているのは、アメリカ、韓国そして日本の３カ国のみです。そのうち、韓国は制度として死刑があり、死刑判決はあるものの、１９９７年から執行を停止しています。このように10年以上執行を停止している国を「事実上廃止国」と呼びます（アメリカは州ごとに法律が分かれていて、死刑のある州とない州があります。その中でも制度として死刑を持っていても、10年以上死刑を執行していないカリフォルニアのような州のことを「事実上の廃止州」といいます）。

一方で、死刑廃止国の数は、１９６０年代の8カ国から徐々に増えていき、１９８０年代には23カ国、２０００年代には75カ国、２０２１年には１０８カ国となっています。そして、10年以上執行をしていない「事実上廃止国」を含めると２０２１年は１４４カ国となっています。

さらに、執行国の中に含まれているアメリカも50州のうち、２０２１年末の段階で廃止した州は23、残りの27州のうち事実上の廃止州はカリフォルニアやペンシルバニアなど13州となっています。つまり、事実上の廃止州も含めると36州であり、アメリカは死刑存置国と言っても年々死刑を廃止する州が増えており、今では３分の２の州が廃止か事実上の廃止州となっています。

この章では、以上のように執行方法や歴史的展開、国際的な動きについて簡単に確認しました。次の章からは、日本国内で死刑制度の前提となる厳罰化志向の醸成や、従来から繰り広げられている死刑賛成論と反対論の争い、死刑は残虐な刑罰と言えるかといった、より死刑を語る際に必要な情報にも触れながら、死刑問題について一緒に考えていきたいと考えています。

第2章　刑事政策の暗黒時代とその後

テレビやネットニュースなどから連日のように犯罪報道がなされており、それらのメディアにアクセスしないという生活をしない限りは、少なくとも1日に1回は犯罪情報に触れる毎日を過ごされているのではないでしょうか。このように毎日犯罪報道に触れることで「日本の犯罪は増えている」、もしくは日本の犯罪は凶悪化している」という思いを持っている人も少なくないかもしれません。

しかし、日本の犯罪認知件数（捜査機関が「犯罪があったかも」と思料した数）は2002年をピークとし、現在まで減少し続けています。ただ、コロナ禍において行動の制限がなされた時期の減少はさらに著しかったため、行動制限が解除された直後である2022年や2023年などは少し増えたように見えるものの、中長期にわたって減少していることにはほとんどの犯罪学者は異論を唱えないのではないでしょうか。実際に認知件数だけでなく検挙件数も減少し続けており、さらに警察庁と総務省統計局の資料から見ても、人が被害者となった刑法犯の認知件数と被害発生率ともにピーク時の約5分の1までに減少しています。

このようなデータがあるにもかかわらず、いまだに多くの人が「日本は犯罪が多い」と感じているか、もしくは「治安が悪くなった」と感じる体感治安が悪い状態のままなのではないでしょうか。そこで、本章は本書の死刑を考える基盤になるとも言える日本の厳罰化志向と1990年代から指摘されている「刑事政策暗黒時代」の背景について一緒に考えてみたいと思います。

1　厳罰化志向の高まり

比較的経済が安定していた時期や、高度経済成長中であった時代は、現在の犯罪の多さに比べて日本でも過激に厳罰化が声高に主張されているわけではありませんでした。しかし、1990年代に入ると、世間の注目を集める災害や事件が連日メディアを騒がすようになりました。例えば1995年には阪神・淡路大震災が起き、多くの命が失われ、日常生活を送っていてもいつ大きな災害に巻き込まれて命が失われることになるかもしれないという不安が襲うようになりました。同じく1995年にはオウム関連事件が連日報道され、特に地下鉄サリン事件などが世間の注目を集めました。その後、時を置かずして1997年に神戸連続児童殺傷事件、1998年に和歌山毒物カレー事件、1999年に光市母子殺害事件や桶川《おけがわ》ストーカー殺人事件などが相次いで報道されるようになっていきました。

こういった災害や事件が起きたことで、明日は自分の身に起こるかもしれないという不安を背景に、犯罪に対する感情をむき出しにした報道が連日行われ、犯罪をする人への不安や憎悪が醸成されていきました。同時に、被害者運動が活発化したことで、厳罰化を望む声が多くなっていきました。

確かに、これまで事件の当事者でありながら、刑事訴訟の当事者としての地位ではなかった犯罪被害者に対する権利の拡大や、被害者保護のムーブメントが生じ、注目されるようになったことは大事な現象であったと言えるかもしれません。

なお、それに伴いよく見られる言説として、「法律は加害者ばかりを守って被害者を守っていない」というものがありますが、これは少し論点が違います。法律が加害者である被疑者や被告人を保護するように見えているのは対国家権力においてであり、捜査が一方的に強制的に行われ、冤罪事件《えんざいじけん》を生み出さないためであって、被害者から加害者を守るためというものではありません。身体拘束を受けることが多い日本の裁判において、一個人が強大な捜査権限を持つ警察・検察と刑事訴訟を行う際に、自身の弁護をするための法規制であることが多いです。つまり、事件の当事者の一方を守るためだけに法律が存在しているのではないのです。言い換えれば、多くの場合は被害者の保護と加害者の刑罰を考えることは必ずしも相反するものではないと考えています。詳しくは第3章で一緒に考えていきましょう。

刑事政策の暗黒時代

この厳罰化志向が進んだ時代背景として新自由主義的な政治が行われていたということが指摘されます。特に1990年代からは犯罪について犯罪学や刑事政策を学んだ犯罪対策のプロが研究し、対応を語るのではなく、ただ研究的な背景のないまま厳罰を訴える政治家が当選し、多くの市民もそれを望んでいきました。これは「ペナルポピュリズム」と言われ、日本だけでなく世界でもみられる傾向でした。こういったことを受けて、加害者の社会復帰は念頭に置かれず厳罰化志向が醸成されていくこの時期を、刑事政策研究者からは「刑事政策暗黒時代」と表現されたりもしていました。

上記のように2002年に認知件数はピークに達していたのですが、検挙人員は戦後すぐの頃や1980年代の頃に比べると突出しているわけではありませんでした。これは犯罪被害実態調査からも興味深い結果が見えてきます。国際的な比較研究の一環として行われている国際犯罪被害実態調査（International Crime Victimization Survey）に日本でも法務総合研究所が2000年より参加し、4～5年おきに実施しています。この調査はいわゆる捜査機関などの公式な統計に表れない暗数の調査ができるというところにポイントがあります。暗数は捜査機関に認知されていないもので、実際の数量と統計上に扱われている数量との差があることを調べる際に必要な視点になります。

例えば、読者の中に雨が降ったり止んだりするぐずついた天気の日にビニール傘を持ってコンビニやファミレスに行った際に、出入り口の傘立てに入れておいた自分の傘が無くなったという経験のある人はいないでしょうか。経験のある人は本書を読みながら手を挙げてみてください。仮に電車で本書を読んでいるという人も手を挙げてみてください。その人たちの中で、傘が無くなったことを警察に届け出た人はさらに手を挙げ続けてみてください。おそらく先ほど手を挙げた99・9％の人が手を降ろしたはずです（電車で恥ずかしい思いをしながら手を挙げていた人も降ろせたのではないでしょうか）。この時点でほぼ先ほど手を挙げた人の数だけ完全犯罪が成立し、捜査機関も知り得ない暗数が発生しています。このように実際の犯罪の数と捜査機関が公式に採っている犯罪の統計とには差があります。この差がどれだけあるのか推察するために行われている国際比較調査が犯罪被害実態調査です。

さらに興味深いのは、この犯罪被害実態調査では実際に自身に起きた犯罪を聞き取るだけでなく、犯罪不安に対するアンケートも同時に行っていることです。特に犯罪認知件数が急激に増加し体感治安が悪化していた2002年前後でこれらの調査を見ると2000年と2004年で興味深い傾向が出ています。「とても安全」や「まあまあ安全」と答える人が減少し「やや危ない」や「とても危ない」と答える人が増える傾向が見られます。しかし、実際に犯罪に遭っている人は減少しているというものでした。つまり、自分は具体的な被害には遭っていないが、日本のどこかでは治安が悪くなっていると考えている人が多かったということを示しています。

こういった体感治安の悪化や犯罪が凶悪化しているという思い込みの世論によって厳罰化が進んでいきました。実際に同じ犯罪類型であっても従来の刑期よりも長期の判決が言い渡されるようになっていき、刑務所は過剰収容時代に突入していくことになります。従来では1年で釈放されていた人が2年や3年の刑期を受けることで、施設の中に人が溢《あふ》れていくからです。これらの影響は判決で言い渡される刑期の長期化や刑務所の過剰収容だけでなく、仮釈放の許可数が減少することや、仮釈放の許可が出たとしても従来よりも刑の執行率がとても高い（例えば、刑期の7割程度で仮釈放が認められていたようなものが、刑期の9割の執行があって初めて仮釈放許可が下りる）といった形でも表れていきました。

つまり、実態が伴わない犯罪不安と厳罰化を訴える刑事政策が求められ、（良い側面もあるものの）犯罪被害者の権利擁護が求められる声が高まった結果、とても加害者の社会復帰までは気が回らないという状況になっていき、捜査・判決・矯正（刑事施設）・

社会内処遇（保護観察）のそれぞれの場面で厳罰化の影響を受けるという状態になっていたのです。

2　犯罪学部が存在しない日本

このように、良くも悪くも世間や社会では犯罪に対する対応とその研究のニーズは高まっていたにもかかわらず、日本の刑事政策学や犯罪学は大学などのアカデミックな場面においては必ずしもニーズが高まってきませんでした。これについても本章で共有したいと考えています[1]。

犯罪学や刑事政策学は、その本場であるアメリカやイギリスをはじめ、多くの国で大学の学部として存在しています。しかし、日本には犯罪学部というものは存在しません。社会学をベースに犯罪を検討したい場合は犯罪社会学の先生がいる大学を受験し、心理学をベースに犯罪を検討したい場合は犯罪心理学の先生がいる大学を受験する必要があります。ですが、どの大学であっても社会学部や心理学部にもこれらの先生が存在するわけではありません。私が専攻しているように法学をベースにした犯罪学・刑事政策学の教員もほとんどの法学部に存在しないでしょう。皆さんが所属、または卒業した大学、もしくは受験したい大学の法学部に所属する教員一覧を調べてみてください。

また、複数の大学でシラバス検索をすると、法学部で授業として刑事政策が存在する法学部自体が少ないか、あったとしても大学の専任の先生が担当されていないことに気がつくかもしれません。このように、授業が存在しても刑法や刑事訴訟法の先生が兼任で担当されているか、非常勤講師の先生に外部の研究施設から来ていただいているのがほとんどで、刑事政策の専任か犯罪学の専任で法学部に所属されている先生がいる大学はかなり少ないことが確認できるかと思います。例えば、旧帝大であっても刑事政策の講座を現在も維持しているところは数少なくなっています。

こういった問題意識を複数の他大学の研究者仲間に話したところ「刑事政策（犯罪学）はすでに贅沢《ぜいたく》科目《かもく》である」という返事をされたことがあります。どこの大学も科目として置きたいと考えてはいるが、上限のある人数の枠で他の科目の担当者を雇用することで精一杯であり、刑事政策に人員を割くことが難しいという状態でした。

しかし、以前は多くの法学部で刑事政策学を担当する教員が存在していました。刑事法を担当する教員として、刑法総論・刑法各論・刑事訴訟法そして刑事政策を担当する教員が中心となって法学部に所属していたのです。それが現在ほとんどの大学では、刑事政策・犯罪学を専攻とする先生が所属しないか、非常勤の先生として外部の組織からひとつの授業を担当するだけという状態になっていきました。

刑事政策を学ばない専門家が増えていく

大学や研究施設でこういった状態になってしまったことによる皺寄《しわよ》せはどこに来るでしょうか。まず、大学にポストがないことにより、刑事政策や犯罪学を専攻とする大学院生が減少しました。仮に学位がとれたとしても大学や研究施設にポストがないとなるとそれを目指す人が減少します。もしくは、その分野に興味があるとしても、まずは就職を得るために、別の科目で研究を重ね、学位を取得するようになっていきます。そうなることで更に学べる大学が減っていきます。

また、刑事政策は司法試験の科目ではなくなったため、法科大学院でも集中的に学べる機会は減っていきます。仮に科目として置かれていたとしても必修科目ではなく全員が履修するものでもありません。そのため、ふたつ目の問題点として、刑事政策や犯罪学について学んだことがない人も司法試験の合格者の中に増えていくということが起こります。

それによって何が問題となるでしょうか。読者が裁判員として出席している裁判で刑の内容を決める段階になって、次のような場面に出くわすかもしれません。たとえば、無期拘禁刑と30年の拘禁刑と悩んだ時、保護観察で得られるものが何か迷った時、少年刑務所と少年院の理念の違いや処遇の違いが争点になる時、こういった場面で皆さんが評議の際に相談する相手は裁判官ではないでしょうか。あるいは、検察官や弁護士に法廷で質問を投げかけると思います。ただし、そこで返ってくる答えは「分かりません」かもしれません。

自戒を込めて言いますが、医者や裁判官、大学の教員などでも、いやむしろ、そういった職業であるがゆえに分からないことを「分からない」と正直に言えない人もいます。「分からない」どころか、研究に裏付けられたものではない、想像にまかせた返事が繰り広げられることすらあります。

そんな状態で刑罰が決められていくことに問題はないでしょうか。自分が刑罰を言い渡される側であったと想像したらどうでしょうか。やはり、市民参加の裁判を行うということは、刑事司法の基本や刑罰についてもよく考え尽くされた、もしくは考える機会を得た人と相談しながら、法運用を行っていくというのが理想ではないでしょうか。

3　支援の必要性が明らかになっていった

この「刑事政策の暗黒時代」が続きましたが、少しずつ形を変え、次のステージに進むようになってきました。2000年代初期の頃は犯罪認知件数の増加などから凶悪化や体感治安の悪化が叫ばれていたために、2003年の犯罪対策閣僚会議の取りまとめでも、少年非行や外国人犯罪が治安悪化の原因であるというような言説が見られていたのですが、次第に「犯罪」に対するものの見方が変わっていったのです。

そのきっかけのひとつとなったのは、やはり元衆議院議員の山本譲司氏が自身の受刑経験を語った『獄窓記』[2]が出版され、多くの人の手に渡ったことが重要な要素のひとつと言えるでしょう。山本氏は政策秘書給与の流用疑惑をかけられ、2000年9月に詐欺の容疑で逮捕され、2001年に懲役1年6月の実刑判決を受けたことにより、栃木県の黒羽刑務所で服役することとなりました。

刑務所などの刑事施設では、炊事や洗濯などの経理と呼ばれる作業も受刑者などで行います。そこで、山本氏の担当作業は受刑者の介護であり、高齢者や触法障害者（罪を犯してしまった知的または精神障害者）の対応をすることとなりました。出所後に出版された『獄窓記』（ポプラ社、2003年）では、それまで世間では極悪人が集まっていると考えられていた刑務所の中には、知的障害や高齢により一般社会では生活がままならず、生きづらさを抱えた人たちが少なからず存在することが映し出されていたのでした。

注目を浴びたことで、刑事施設への調査も行われ、明らかになったことは、療育手帳などを所持していない知的障害者や、試験の実施も不可能なほどの知的障害が疑われる人たちがいるという実態でした。このことから、繰り返し再犯をしている人に必要なのは厳罰ではなく、福祉によるサポートであったり、生活支援であることが認識されるようになっていきました。2008年の犯罪対策閣僚会議では、犯罪や再犯の防止には息の長い支援が必要であるということが言われ始め、その後の対策にも再スタートの重要性が指摘されるようになっていきました。

再起について考える機会を持てているか

一方で、こういった見方が進んできたことを、本書を手に取っている方々はどこまでご存知だったでしょうか。本章の冒頭でも書いてきたように、安全安心が志向され、いつ災害や犯罪に巻き込まれるか分からない不安な生活は変わらない中で、加害者や生きづらさを抱えた人の再起について深く考え、以前とはものの見方が変わる機会はあったでしょうか。死刑が争われるような重大事件に対するメディアのコメントやSNSなどで繰り広げられる議論は依然として辛辣な社会的排除につながるようなもので溢れてはいないでしょうか。

もちろん、そういった感情が生まれ、吐露することが問題なのではありません。しかし、怒りや偏った感情だけでは本章で見てきたように冷静な判断ができなくなってしまうのではないでしょうか。

こういった言説に対しては「しかし、被害者のことを考えると不憫《ふびん》である」といったコメントも散見されます。ただ、皆さんが考えている「被害者はこう考えているはずだ」というその考えは、本当にその通りなのでしょうか。次章では、被害者と加害者の両方を視野に入れた政策は不可能なのかどうかについて、一緒に考えていきたいと思います。

第3章　被害者を支援するとはどういうことか

学生のレポートを見ていると、死刑賛成と死刑反対の割合は半々ぐらいになっている印象があります。これは筆者が所属しているのが法学部であるからという理由も大きいようで、他大学の先生との話でも、法学部は比較的に他学部と比べて死刑反対派で議論を組み立てる傾向があるようです。その理由としては、死刑の問題について1年生から授業でも自主学習でも触れる機会が多く、比較的この問題で悩んだ経験があり、問題点についても精査しようとする努力が見られるからではないかと考えています。

そんな死刑反対派の学生たちを悩ませる問題点があります。途中まで死刑反対の論調で考え、書いているにもかかわらず、最後の最後で「しかし、被害者が報われないから死刑を支持する」というように、他の論点については反対派によったものでありつつも、「被害者」支援を根拠に結論では賛成派になる学生が少なくありません。

しかし、果たして被害者の支援をすることが被告人を死刑にすることなのでしょうか。

そして、死刑にすることでしか被害者は報われないのでしょうか。それらを同時に支援するということは不可能なのでしょうか。そもそも皆さんが考えている「被害者」とはどのような人たちでしょうか。何の落ち度もないにもかかわらず、通り魔などに殺された極刑だけを希望する無辜《むこ》の「被害者」のみを想像されているのではないでしょうか(言及するまでもないですが、無辜の被害者であっても死刑に反対の被害者遺族の方々もいらっしゃいます)。

そこで、本章では日本の「被害者」という立場の人はどのような人で、そこにはどのようなニーズがあって、刑事司法にできる被害者支援とはどのようなものかについて一緒に考えていきたいと思います。

1 「犯罪被害者」とはどのような人たちなのか

第2章でも見てきたように、日本に限らず世界中で犯罪の「暗数」が数多く存在しています。特に、密室や誰にも知られず被害者と加害者しか知り得ない状態で行われる犯罪類型は、捜査機関などに知られることなく暗数化することが多いです。具体的には親族間やよく知っている人同士での暴力や性被害などは被害者が声を上げにくい状態が指摘されており、統計として表に出てこないことがあります。

その原因となるものは複雑で、被害者が被害に遭っていることに気づいていない場合、被害に遭っていることを他人に話すのが恥だと思っている場合、他人同士の事件とは異なり加害者も家族や知人であるために処罰感情をぶつけにくいという複雑な心境にある場合、そして、証拠が被害者の証言でしかないために警察や検察などの捜査機関で二次被害を受ける可能性がある場合など理由は様々です。

ただ、被害者本人の被害届や通報などが主に捜査の端緒となっている事件についてはこのように暗数となって表に出ていないものも多く存在すると考えられていますが、殺人事件となると、たとえ親族間や知人同士であっても捜査機関や医療機関に通報しない、または発見されないという事例は少ないので、殺人事件は比較的に暗数となっているものは他の犯罪類型に比べれば少ないと考えられます（もちろん、完全犯罪のように誰にも分からないという場合や、自殺で処理されたが他殺だったなどという例がないわけではないですが、そういった事例はここでは省きます）。

「死刑の対象となる殺人」は圧倒的に少ない

上記のような前提があるとして、具体的に犯罪統計として出てくる「被害者」はどの程度いるのでしょうか。2023年版『犯罪白書』では、2022年の1年間で起きた犯罪に関するデータを確認することができます。それによれば、被害者として捜査機関が認知した「人が被害者となった刑法犯」の認知件数は38万3232件でした。これはピーク時であった2002年の248万6055件から見れば約6分の1ほどに減少しています。

そのうち、死刑が争われる事件は第1章で確認したように、現在の日本では殺人の故意があって行われた犯罪（主に殺人罪・強盗殺人罪・強姦殺人罪《ごうかんさつじんざい》）ですので、殺人事件の統計を見てみましょう。まず生命・身体に被害をもたらした刑法犯における死亡者数は598人です。この中には死刑の対象とならない傷害致死や過失致死も含まれますので、さらに殺人で死亡した人の数を知る必要があります。実際の殺人罪の死亡者数は254人でした（これは同じく死刑判決となりうる犯罪類型である強盗強姦致死罪も含みます）。

さらに、読者の皆さんが想像する「無辜の被害者」とは、通りすがりや凶悪な知らない人から突然に命を奪われ、何の落ち度もない被害者が事件に巻き込まれるというものではないでしょうか。日本の殺人における加害者と被害者の関係についても『犯罪白書』にはデータが掲載されています。

『犯罪白書』に示されているのは未遂も含んだ「殺人」のデータですが、被害者と被疑者（加害行為を疑われている人）の関係別検挙件数構成比によると、殺人は最も多く親族間で行われており、44・7％が親族によるものとなっています。また、面識ありの知人も39・7％を占めており、親族または知人による殺人が実に殺人事件の84・4％を占めていることになります。特に、親族間の殺人の占める割合が高いことが日本の殺人の特徴であることは世界的にも注目されており、その多くが介護疲れからくる無理心中で行為に及んだ「加害者」が死にきれずに生き残っている場合や[1]、障害などを抱えた子どもを抱えた高齢者の両親が末期の病気が判明したことにより置いて行けないと思い込んで無理心中を図る事例、そして貧困からくる一家心中などが注目されています。

つまり、世の中にある事件の中で「死刑の対象となる殺人」は圧倒的に少なく、さらに他の犯罪と比較しても、殺人の被害者遺族は被害者家族でもあり加害者家族でもある可能性がかなり高いと言えます。そのため、「被害者は死刑などの極刑を望むはずだ」と語る前に、実際に起きている事件の中でもかなり限られた「被害者」だけを指しているという前提に気づく必要があります。そして、報道を見ながら被害者を代弁しているように感じていても、世の中の多くの「被害者」は世論によって作り出された「被害者」像であって、そのように考えていない被害者も多く存在する可能性があるということです。

では、その数少ない極刑を望むであろうと想像される「被害者」に限定して、次にそれらの被害者なら極刑を望むに決まっているのかどうかをふたつの視点から確認してみましょう。

2　被害者のニーズはどのようなものか

事件の報道を見ると、いたたまれない凄惨さに「被害者は極刑を望むはずだ」と思い込むことが多いです。かく言う筆者自身も目を覆うような事件報道を見てすぐに被害者に思《おも》いを馳《は》せ、無念さや、自分だったら犯人に対して怒りや復讐《ふくしゅう》の念《ねん》を持つだろうなと思うこともあります。実際に、学生時代に戦後に出た死刑判決を全部読むという夏休みを過ごしたことがありましたが、かなり心が荒《すさ》んだ記憶が今でも残っています。

しかし、すべての被害者がそのように怒りと復讐の思いに至るのでしょうか。多くの「被害者ではない人々」が想定する「被害者」はそんなに多くないことを既に述べましたが、それでも数少ない被害者の全員が怒りや復讐の念から死刑判決を望むのでしょうか。もし、そうでないとしたら、我々は事件に遭われた「被害者」に対しても「被害者はこうあるべき」だという姿を押し付けて苦しめることになるのではないでしょうか。

こう考えるようになったのにはひとつのきっかけがありました。学生時代に、とある犯罪被害に遭われた方の支援に少しだけ関わったことがありました。少し打ち解けたその時に普段の悩みを少し話してくださったのです。それは、「被害者」は、家の外では笑顔になったり楽しそうに話したりすることも近所の視線や噂《うわさ》をされるために許されないということでした。家の外で笑顔になると、近所の方々から「被害に遭っているのに笑っている」と言われることがあったようです。生活していく中で、当然に笑顔になる時もあれば、涙を流す時もあるはずです。筆者はこの時に「被害者とは悲しみ暮らすもので、犯人に対して恨みと怒りで極刑を望むものだ」と勝手に被害者像を決めつけている自分に気づきました。

そう思うようになってから、死刑に反対する殺人事件の被害者遺族、そして死刑については賛成も反対もしないという被害者もいらっしゃることに気づき、可能な限り対話することを試みてきました。例えば、実の弟を事件で亡くされながらも犯人に対して死刑以外の方法で罪を償って欲しいと訴え続けていた原田正治《はらだまさはる》さんの活動はとても有名なものになっています[2]。

原田さんは1984年に愛知県で起きた半田保険金殺人事件の被害者である原田明男《はらだあきお》さんの兄で、事件の発覚直後は犯人に対し「極刑を望む」という願いだけであったといいます。原田さんの望んでいた通りに第一審・第二審と死刑判決が下されるのですが、しだいに「死刑とは何なのであろうか」ということに悩まれました。

もちろん、言うまでもなく、多くの人が想像する「被害者」と同じ感情で極刑を望まれる被害者もいらっしゃいます。そして、それを否定しているわけでもありません。ここで筆者が言いたいのは、「被害者はこうあるべきだ」というレッテルを貼ることが、さらに被害者を苦しめることも起きているということです。このレッテル貼りが行きすぎるがゆえに、マスメディアはそういった「被害者」の映像を欲しているようにも感じます。

遺影を持って「極刑を望みません。生きて償ってください」とカメラの前で話されている人や、家族同士の殺人事件で悩んでいる被害者の存在はあまり報道がなされていないという事実を共有したいのです。周りから求められている「被害者像」が実際の被害者にも押し付けられる社会になっていないだろうかという問題意識です。

また、求められている被害者像は周りの社会からだけでなく、被害者のコミュニティでも一部発生していることがあると、被害者支援をしている人からうかがったことがあります。犯罪被害者の中にも見えないヒエラルキーのようなものが存在し、完全に無辜で何の落ち度もない犯罪に巻き込まれて死亡した被害者の声が大きく、そうでない事件の被害者は発言を躊躇《ちゅうちょ》したり、加害者とされる人が自殺をしてしまったために事件の解明が進まない被害者であるにもかかわらず、すでに加害者が亡くなっているという点から上述の被害者よりは発言権が制限されたりするといったこともあるようです。「被害者が報われるために」という思いなのであれば、様々な思いをする被害者にも目を向けていくべきですし、こういった事件によって被害者に差が出るのはおかしくないでしょうか。誰もが受けられる補償を最大限に行うべきではないでしょうか。

時間の経過によってニーズは変わっていく

別の視点からも疑問に思っていたことがあります。それは、先の被害者支援のお手伝いをしていた時から考えていたことなのですが、事件直後の被害者のニーズと、しばらく時間が経過してからの被害者のニーズはずっと同じなのだろうかということです。

例えば、自分自身が被害者遺族になったときは、上述のように怒りや悲しみと恨みなどが溢《あふ》れる気持ちになるであろうと想像しています。犯人を許せない気持ちになるかもしれません。一方で、私自身がある日突然に事件に巻き込まれることがあったら、残された家族にどのような支援やサポートをしてほしいかを考えてきました。先に述べたように死刑になる事件自体起こりうることは稀《まれ》なのですが、交通事故に巻き込まれる可能性はそれに比べれば少し高くなります。ですので、より身近に起こりうる事例として交通事故で考えてみます。

仮に筆者自身が事故に巻き込まれて帰らぬ身となったとしたら、子どもたちやパートナーには最大限の支援をしてもらいたいと考えるようになりました。その事故がどの時点で起こるかにもよりますが、もし小さな子どもがいれば「大学に通えるようになるまで支援してほしい」、「父親を失ったことに対する心理ケアをしてほしい」、「シングルでも子育てがしやすいように支援をしてほしい」等々、数え上げたらキリがないほどに求めたい支援が考えつきます。読者の皆さんも考えてみてください。事件や事故に巻き込まれた時にどのような支援が残された家族や仲間に必要でしょうか。

そして、そのうちのどれが刑事司法でできる被害者支援でしょうか。残念ながら、私が先ほど挙げた支援に刑事司法で行えるものはほとんどありませんでした。被害者のためにやらなければならない、被害者のニーズに沿った支援は数多く存在するにもかかわらずです。

こうして、被害者のニーズは移り変わるのではないかと日々考え込んでいたのですが、あるときに武庫川女子大学の大岡由佳先生たちの研究報告を目にする機会を得ました。大岡さんたちの研究は長年にわたり被害者支援を行っていく中で被害者のニーズを調査していくと、そのニーズが事件直後と数年経過後では優先順位が変遷していくというものでした[3]。

それらの調査研究によると、事件直後の被害者は怒りや恨みによって加害者への厳しい刑罰を望むとする回答者が多いが、時間が経過するにつれて、むしろ事件によって崩された日常生活の立て直しのための生活ニーズへの支援を望むという回答者が増えるといいます。自分がもしも交通事故に巻き込まれたら何を望むかということを考え、犯人にはその責任において罰を受けてもらうとしても、被害者となった自分たちにしてもらいたい支援やサポートは生活の立て直しであったり、可能な限り日常を取り戻すような生活ニーズの支援であろうと考えていた筆者にとっては、とても腑《ふ》に落《お》ちる調査結果であったのです。

大岡さんたちが指摘するように、むしろ大事なのは様々な被害者のニーズを聞き取り、途切れのない支援を中長期にわたっても行っていくということだろうと思われます。では、本章の最後に「刑事司法が行える被害者支援」について一緒に見ていきましょう。

3　刑事司法で行われている被害者支援

ここまで、我々が想定する「被害者」と実際の「被害者」、そして「被害者のニーズ」は異なるのではないかということを考えてきました。被害者に対して何も支援しなくていいと言っているのではありません。むしろ、被害者のために国や地方自治体が行うべき支援は山のように存在します。

よく、法律家が「刑事訴訟法や刑事裁判、刑罰は被害者のためにあるのではない」といった趣旨の発言をし、それらを受けて「所詮、法律は被害者を守らず加害者を守る」といった言説がネットなどに流れたりします。しかし、それは必ずしも正しい表現ではないように考えます。

前の章でも少し触れましたが、刑事裁判を受ける権利や被告人の人権を守ることが大事なのは、憲法の一部にも記載されていることからも分かるように、被疑者や被告人が対峙《たいじ》することになるのは警察・検察などの国の組織であって、それらが暴走すると一個人に対する人権侵害が生じる可能性が高いからです。決して、被害者と加害者の対立から加害者を守るために憲法や刑事訴訟法が規定されているのではありません。逮捕されるような犯人だから当然だと思う読者もいるかもしれませんが、現に冤罪事件《えんざいじけん》（本当の犯人ではないにもかかわらず犯人として刑事司法に巻き込まれている事件）なのではないかといったことも起きています。無罪判決が言い渡される事件でも、残念ながら逮捕時には犯人視する報道やネット上でコメントが溢れることがあります。

そもそも刑事裁判とは、起こった事象が事件なのか事故なのか、それが事件だとして犯人は誰なのかについて、人が裁判という制度を使って法律上で事実を決めていくという作業です。また、実際に事件が起きたところを見たとしても殺害の故意があったのか、無かったのかについては裁判で明らかにしていくことになります。そのため、偏見を持って臨んでは犯人でない人を犯人として見てしまいがちですし、仮に本当にその事実を行った人だとしても必要以上に刑罰を重く与えてしまう「量刑の冤罪」も起きてしまいがちです。そのため、無罪推定原則（被告人は有罪判決が確定するまでは罪を犯していない人として扱わなければならないという原則）というものが存在し、公平に適正に手続を行うことが求められています。

被害者が裁判に関与するということ

そうした確定するまでは無罪であると考えるべき刑事裁判において、被害者がどのように関与できるでしょうか。例えば、成人の刑事裁判は原則公開されていますので、誰でも裁判を傍聴することができるのですが、被害者や遺族の方々は裁判を優先的に傍聴できるようになっています。また、被害者参加制度においては、一定の事件の被害者や遺族は、公判期日に検察官の隣に座り、裁判に出席することが可能になっています。そこで被告人質問を行うことができたり、論告や求刑などの検察官の訴訟活動に対して意見を述べたり、証拠調べの後には事実または法律の適用について法廷で意見を述べることが可能となっています。ここでは無念な思いを語られることもあります。

ただし、その法律的な位置付けは依然として学者の中でも疑問視されている声もあります。裁判で無念の思いを訴えて死刑を望み、目の前の被告人に訴えても、無罪推定の原則からは根本的な矛盾が生じますし、結果的にはその被告人に無罪判決が出る可能性もあるわけです。むしろ、そういった状態にもかかわらず被害者に思いを語らせる方が被害者に対して失礼だとする見方もあります。

また、事実を決める部分（事実認定）と刑罰の重さを決める部分（量刑）の手続が二分化されていない日本の裁判では、プロの裁判官でも注意が求められます。裁判員として参加している市民の場合でも、これらが明確に分かれていないことが問題になることも起こり得るのです。

裁判員として参加した市民が、裁判の事実を決める部分に参加し、事件については「やっていない」もしくは「必ずしも真っ黒とは言えないのではないか」と疑念を持っていたとしても、事件とは直接関係ない被告人の前科などを聞かされたり、ただただ悲しく虚《むな》しい被害者の無念の思いを判断前に聞くことで、被害者への感情移入から、事実の部分ではなく目の前の被告人にどのような刑罰を与えるべきかが強く意識づけられるかもしれません。

このように、捜査機関との関係だけで刑事訴訟法があるのではなく、その他の偏見などからも被疑者・被告人が守られるように法律があります。裁判が公平かつ適正に行われるように、法律は被疑者・被告人を守っているのです。こういった背景があるために「法律や刑事裁判が被害者のためにあるのではない」ということが法律家から言われることが多いです。刑事司法において被害者の位置がどうしても蚊帳の外に置かれてしまう現実があります。繰り返しますが、被害者の支援が必要なことに争いはありません。刑事司法で行えることに限界があるということです。

4　刑罰は被害者感情に応えるためのものか

刑罰のあり方という観点からはどうでしょうか。伝統的に刑罰の目的や効果として語られるのは「応報（retribution）」、「抑止（deterrence）」、「無害化（incapacitation）」、そして「社会復帰（rehabilitation）」などが挙げられます。それぞれについてどのように考えるのかについては第4章で詳しく述べることにします。ただ、ここで考えておきたいのは、「被害者のため」が刑罰の目的たり得るかという論点です。

最近では、これも含めるべきかどうかが語られることがありますが、主要な処罰根拠にはなっていないのが現状ではないでしょうか。例えば、次のような事例で考えてみると伝わりやすいかもしれません。

誰からも愛されているAさんを殺害し、その遺族から極刑を望まれている被告人Xさんと、誰からも嫌われており皆から消えてほしいと願われているBさんを殺害したYさんと、全く身寄りがなくその人がいなくなったところで被害者感情を持つ人が存在しないCさんを殺害したZさんでは、被害者感情が異なるということだけを理由に3人とも違う刑罰が言い渡されるべきでしょうか。

つまり、Xさんは被害者感情が激烈であるので死刑にし、Yさんはむしろ望まれていたほどなので執行猶予にし、Zさんは判断材料がないので拘禁刑を20年ほどとするということは、正義にかなっているでしょうか。そういった観点からも、やはり刑罰の目的や効果として被害者感情が含まれないという説の方が多いように思います。

罰を与えさえすれば問題は解決するという思い込み

しつこく繰り返しますが、筆者は被害者に対して「何もできない」、「何もしなくていい」と言っているのでは決してありません。むしろ、これまで以上に被害者のニーズに沿った、継続的で息の長い支援を行うべきだと考えています。それらが、必ずしも刑事司法によって実現できるものではないということを述べているのです。

むしろ、短絡的に創り上げられた「被害者像」を基にして、加害者に厳罰を与えることで、実際の被害者ニーズには応えずにおく社会の方が問題であると考えています。なぜなら、死刑にすることで加害者の立ち直りや生き直し、適切な処遇を行わず、被害者の立ち直りや生き直しにも支援や資金を使わない方法で、社会問題を解決したと思い込む方が大問題だと考えているからです。

第4章　死刑存置派と死刑廃止派の水掛け論

1　抑止力と終身刑をめぐる議論

また章の冒頭から触れてしまいますが、必ずといっていいほど学生たちのレポートには死刑の「抑止力」についての言及があります。死刑制度には犯罪を抑止する効果があるという議論のことです。教科書や死刑に関する文献などでも必ずといっていいほど言及されています。

この抑止力に関する論点としては、死刑賛成派からは「死刑に抑止力がある」という文脈で、死刑反対派からは「死刑に抑止力はない（または証明されていない）」という文脈で語られています。これまでも取り上げてきた内閣府のアンケートでも「死刑もやむを得ない」と答えている人の多くが「死刑に抑止力がある」と答えています。

しかし、それらを科学的方法によって検証したものはほとんど見受けられません。日本で続く死刑の存廃論の中で「抑止力」の争いは中心的な位置を占めているにもかかわらず、政府をはじめ、多くの学者も科学的根拠によった検証をしていることが少ないように見受けられます。本書の読者の中でも死刑の「抑止力」について意見を持っている人も少なくないのではないでしょうか？　しかし、賛成派であっても反対派であってもそれらを科学的根拠によった実証データで語れているでしょうか？

例えば、死刑賛成派で抑止力があると考えている人は、死刑がこの世から無くなったら殺人が増えるかもしれないから心配であるという意見の人もいるのではないでしょうか。一方で、（警察を通じて発表されるものが本当に本人の証言であるかどうかは議論があり得るとしても）逮捕された時に「誰でもよかった。死刑になりたかった」という証言をしている被疑者（マスコミ用語では容疑者）の報道を目にすることも少なくありません。仮にその「死刑になりたかった」という証言が本当に犯罪をした動機を裏付ける発言だとしたら、むしろ死刑があることが、殺人事件を抑止するどころか助長することになってはいないでしょうか。また、1人を殺害しても2人以上を殺害しても同じ死刑になるのであれば、例えば1人を殺害した犯行現場を他人に見られた時に、発覚を恐れて必要のない殺人を助長するかもしれず、それは死刑があることが殺人事件を助長すると考えることができるかもしれません。それらは野蛮化とも言われる現象です。つまり、死刑があることが必ずしも抑制の方向に働かず、むしろ促進させるということも想像で語るだけならいくらでも例が出せるということです。

このように、「抑止力がある」または「抑止力はない」というやり取りは、それぞれよって立つ立場の人が「こうだったらいいな」という仮説のもとに、実証データや科学的根拠によらない議論がこれまで長期間にわたって繰り返されてきました。おそらく来年度の4月になっても、再来年度の4月になっても、その先も同じように死刑賛成の学生は従来から語られている「抑止力あり」の賛成論を、死刑反対の学生は従来から語られている「抑止力はない」の反対論をレポートにすることが繰り返されていくのではないでしょうか。

また、死刑をめぐる議論として、「日本の無期刑はいずれ釈放されるものなので、終身刑がない限り死刑の廃止は時期尚早である」といった主張をするレポートも数多く出されます。ワイドショーでも出演者がその手の発言をしているのを目にします。これも日本の無期刑の実態をよく理解せずに発信されるもののひとつと言えるのではないでしょうか。

そういった問題に違った角度から、死刑賛成派も反対派もそれぞれの理論を補強するために、歩みよって徹底した死刑の議論の場を持ちましょうというのが本書のねらいのひとつでもあります。無期拘禁と終身刑に関する議論がなぜ必要なのかは次章以降に見ていくとして、本章ではこれまでの死刑存置論者の主張はどのようなものであったのかを確認し、その後に、思い込みで語られていた言説を踏み込んで考える題材として「無期拘禁刑は10年から20年で仮釈放されるから、死刑を廃止する前に日本には終身刑が必要だ」という問題と「伝統的な抑止論の一歩先はどのようになっているか」について一緒に考えてみたいと思っています。

そのために、まず従来から争われている死刑の賛成論と反対論をここで確認しておきたいと思います。伝統的な死刑賛成・反対論者の主張がどのようなものであったのかについては、著名な刑事政策初学者向けの教科書のひとつでもある、守山正＝安部《あべ》哲夫《てつお》編著『ビギナーズ刑事政策（第3版補訂版）』（成文堂、２０２３年）所収の渡邉泰洋《わたなべやすひろ》「第8

講「死刑」」（150 - 167頁《ページ》）で議論がわかりやすくまとめられています[1]ので、まずはそれを一緒に確認してみましょう。

2 伝統的な死刑存置論者の主張

死刑存置論者の主な論点としては、まず（1）「応報的な論点」が挙げられます。これは他人の生命を奪ったのであるから、その罪は自らの命をもって償うべきであるとするものです。

次に（2）「抑止力・一般予防の論点」です。あらゆる刑罰の中で死刑は最大の威嚇力を持っており、廃止することで凶悪な犯罪が増加し、社会が乱れてしまうのではないかという危惧から来ています。おそらく多くの死刑存置論者がこう考えるのではないでしょうか。

そして、（3）「無害化の論点」も有力なもののひとつです。これは最も確実な社会防衛の方法でもあり、その犯人を死刑に処すことで再犯の可能性が無くなり社会が安全になるのではないかというものです。

最後に（4）世論調査によれば死刑を存置する立場に賛成の人が多く、廃止するにはまだ時期尚早であるとするものです。

たしかに、現代社会では自分自身で仕返しをする「私刑」は許されておらず、被害者からすれば少しでも無念の思いを刑罰によって晴らしてもらいたいという思いがあるかもしれません。ただ、ここでいう（1）の「応報」というのは個人的な仕返しを指すものではなく、国家の規範違反に対する報復であることを忘れてはなりません。また、被害者のニーズについてはすでに前の章で検討をしたように、必ずしも被害者のために刑罰制度があるわけでなく、さらに実際に存在する被害者のニーズは別の方法で満たすことが可能ではないでしょうか。

完全無害化については、無期拘禁刑があればその意見も補充されるのではないでしょうか。これに対しては日本の無期拘禁刑では仮釈放の可能性が存在し、いずれ釈放されることになるので、やはり死刑とは意味が違うという意見もあるでしょう。そのために仮に死刑を廃止するかどうするかを賛成の立場から考えるとしても、死刑の廃止よりも先に日本に終身刑の導入があってからではないかという意見も多くあります。かく言う筆者は、この終身刑導入についても疑問があります。それはすでに日本の無期拘禁刑が実質的に仮釈放もない終身刑化しているからなのですが、これについては本章の後半で検討します。

そして日本では死刑に賛成する立場が多いために廃止の議論は時期ではないとするものも、そのアンケートの内容及び実施方法に多くの問題点が指摘され始めています。こちらについては第5章で取り上げます。

3 伝統的な死刑廃止論者の主張

対して、死刑廃止論者の主な論点としては、まず(1)「法哲学的な論点」があります。例えば、殺人を禁止している国家が自ら殺人を犯すことには矛盾があり、また生命は失われると二度と付与することができないのだから国家は付与できないものを奪うことは許されないというものです。

次に(2)「刑事政策的な論点」として、犯罪を抑止する機能は存在せず、それは事件を起こす当事者にもですし、一般的な人に向けた抑止力も存在しないのではないかというものです。

また（3）「憲法的な論点」として、死刑は憲法36条で規定されている「残虐な刑罰」に当たるので違憲であるとするものです。

そして最後に（4）「適正手続上の論点」で、死刑判決後に執行が終わってしまったら、その後に誤判であることが判明してもすでに回復不可能であるとするものです。

たしかに、刑法が人を殺してはならないという規範を定めているものであるとすれば、それを規定している国自らが「人を殺す」ということの矛盾がありますし、抑止力については本章の冒頭でも取り上げたようにエビデンスによらないで言及するだけならどちらも言えて、必ずしも抑制する方向のみに働いているとは言い切れません。

また、第6章でも論点として取り上げる「憲法上の問題」として「残虐な刑罰」に当たらないかどうかはしっかりと議論をする必要があるのではないでしょうか。アメリカではここ数年にわたって何度か「残虐な刑罰」に当たるかどうかが裁判所で議論されていて、時に憲法違反とされ、時に合憲とされ何度も見直すことが行われています。ですが、日本では執行方法が残虐かどうかの問題ひとつとっても、70年以上前の鑑定を元に、その後に検討されることもなく今でも同じ運用がなされています。

そして、冤罪《えんざい》が起きた時に取り返しがつかないということは、伝統的な死刑廃止論の中でも強力な主張がなされており、死刑だけに限らず他の犯罪も冤罪の問題は起こしてはならないという再反論もよく行われますが、特に死刑については他の犯罪よりも不可逆的なもので特別なものであるようにも考えられます。これについて第5章「日本の市民は本当に死刑を望んでいるのか」で詳しく述べることとなります。何やら「後述」やら「次章以後」などばかりですみませんが、それだけ議論が多岐にわたるということの表れでもあります。

4　日本の無期拘禁刑について知る

ワイドショーやネット上でもよく語られていた言説に「無期刑の人は10年や20年そこらで仮釈放される」や「無期刑ではいずれ外に出てくるのだから終身刑がない日本では死刑を選択せざるを得ない」というものがあります。特に後者の意見は死刑の存廃に関する議論としてもよく使われるので、読者の皆さんが賛成派か反対派かの意見を考える際にも重要な論点のひとつとして考えられそうです。

そもそも、日本に終身刑がないことをご存知ない読者もいるかもしれません。日本の刑罰には生命刑・自由刑・財産刑の3種類があります。生命刑は死刑があり、財産刑は罰金や科料などがあります。そして、自由刑は拘禁刑（２０２５年6月までは懲役刑と禁錮刑が運用されているが、１１７年ぶりの刑法改正によりこれらが単一化される）と拘留があります。この拘禁刑の法律上の期間は1月以上20年以下とされ、日本はふたつ以上の罪を犯した際に併合罪として一番重い刑罰の次に、ふたつ目に重い刑罰の半分までを自由刑に付加することができるので、死刑や無期刑でない限り、数字をあらかじめ決めておける拘禁刑としては30年（20年とその半分の10年を足した有期刑）まで最高で付けることができます。

このように、期限が決められる有期刑や死刑でない限り、自由刑として一番重いのは無期拘禁刑となります。国際的に見れば仮釈放の余地のある無期拘禁刑と仮釈放の余地のない無期拘禁刑（いわゆる終身刑）とが存在するのですが、日本では法律上は仮釈放の余地のある無期拘禁刑が自由刑で一番重い刑罰となっています。

では、仮釈放についてはどのように規定されているのでしょうか。刑法28条は「拘禁刑（2025年6月までは懲役または禁錮）に処せられた者に改悛《かいしゅん》の状があるときは、有期刑についてはその刑期の三分の一を、無期刑については十年を経過した後、行政官庁の処分によって仮に釈放することができる」としています。実質的な要件は「改悛の状があるとき」の部分で、形式的な部分は「有期刑についてはその刑期の三分の一を、無期刑については十年を経過した後」という部分になります。つまり、有期で期間が決まっている拘禁刑なら、その裁判で言い渡された刑期の3分の1が経過した時に、無期の場合は10年を経過した後に「できる」と規定されているということです。ちなみに「行政官庁の処分によって」という部分は、全国8カ所にある地方更生保護委員会が刑事施設の長からの申出があったとき、あるいは自らの判断に基づいて審理を開始し、その審理では直接に対象者と面談をしたり、必要に応じて被害者や遺族、検察官に意見を聞くなどをして3人の合議によって仮釈放に該当するかどうかを決めていきます。

この仮釈放に関する刑法の無期刑の箇所について、「十年を経過した後」と書かれていることから、ワイドショーなどのコメンテーターが「仮釈放は10年や20年で出てくる」といった趣旨の発言をしているのであろうと考えられます。しかし、これは日本の無期刑の実態がどうなっているのか全く知らずに発言しているとしか思えません。実際にはそのような運用は全く行われていません。法律上も「できる」と書いてあるだけで、審査の結果やらなくても法律上で何の問題もないのです。例として適切かどうかは微妙ですが、横断歩道の青信号は渡ることが「できる」のですが、渡っても渡らなくても歩行者の自由なのと一緒です。

仮釈放の実態

では、無期刑の仮釈放の実態はどのように運用がなされているのでしょうか。まず、無期か有期かに限らず、仮釈放の実質的要件であった「改悛の状があるとき」という言葉は日常的に使う機会もなく、その意味を理解することからしてハードルが高いように感じます。どのような場合に「改悛の状」があると言えるのでしょうか。そのヒントは法務省の「無期刑及び仮釈放制度の概要について」でも触れられています[2]。

その概要には「どのような場合に「改悛の状」があると言えるのかについては、社会内処遇規則第28条に基準があり、具体的には、「(仮釈放を許す処分は、)悔悟の情及び改善更生の意欲があり、再び犯罪をするおそれがなく、かつ、保護観察に付することが改善更生のために相当であると認めるときにするものとする。ただし、社会の感情がこれを是認すると認められないときは、この限りでない。」と定められて」いるとしています。

また新たに難解な言葉が増えたので、先ほどの法務省の概要からさらに細かく見てみます。「悔悟の情」は、受刑者の発言や書いたものだけではなく総合的に判断することが大事であるとされています。

「改善更生の意欲」については、被害者等に対する慰謝の有無とその内容、刑事施設内での処遇への取り組みの状況、反則行為の有無と内容、その他の施設内での生活態度、そして釈放後の生活の計画の有無と内容などから判断するとされています。

「再び犯罪をするおそれ」については、性格や年齢、犯罪の罪質や動機、態様、社会に与えた影響、釈放後の生活環境などから判断され、「保護観察に付することが改善更生のために相当」については、悔悟の情と改善更生の意欲があって、再び犯罪をするおそれがないと認められる者に総合的かつ最終的に相当であるかどうかを判断することとされています。

そして、最後に「社会の感情」とは、被害者の感情や、収容期間、検察官等からの表明されている意見などから判断するとされています。

いずれにおいても受刑者自身の頑張りも大事であるのですが、いくら本人が反省をしており、再犯可能性が低いとしても「社会の感情」というカテゴリーがある以上、これがどの程度において影響を与えるのかによって、仮釈放の許可は認められにくい現状があろうと考えられます。そもそも「社会の感情」というものが被害者の意見や検察官の意見であってていいのかという疑問もありますし、一方で被害者の意見が釈放を希望するものであってもデジタルタトゥー（インターネット上で拡散され、完全に削除することが不可能になった不利益な情報）による社会的バッシングが強いときは「社会の感情」が緩和されたとみていいのかという疑問も生じます。

こういった判断基準から、重大な犯罪になればなるほど仮釈放が認められることは容易ではなく、こと無期刑に関してはより多くの問題を抱えています。

「10年や20年で仮釈放される」のか?

もう一度、世間で言われる言説に立ち戻ってみましょう。それは「無期刑の人は10年や20年そこらで仮釈放される」や「無期刑ではいずれ外に出てくるのだから終身刑がない日本では死刑を選択せざるを得ない」といった言説です。

実際に、どのぐらいの無期刑者が刑事施設にいるのかから見てみます。実は2008年8月に法務省内において「無期刑受刑者の仮釈放に係《かか》る勉強会」が設けられ、同年11月に結果がまとめられ、法務大臣に報告書が提出されています。その後、法務省では無期刑受刑者についての仮釈放の運用の透明性と国民に分かりやすい制度となることを目指して、毎年12月に「無期刑の執行状況及び無期刑受刑者に係る仮釈放の運用状況についての」というデータを出しています。そこでは前年度までの過去10年間の無期刑に関するデータを見ることができます。表にしていますので、そちらを参考にしながら一緒に考えてみてください。

	年末在所無期刑受刑者数（人）	無期刑新受刑者数（人）	無期刑仮釈放者数（人）	無期刑新仮釈放者数（人）※1	※1の平均受刑在所期間	死亡した無期刑受刑者数（人）
2013年	1,843	39	10	8	31年2月	14
2014年	1,842	26	7	6	31年4月	23
2015年	1,835	25	11	9	31年6月	22
2016年	1,815	14	9	7	31年9月	27
2017年	1,795	18	11	8	33年2月	30
2018年	1,789	25	10	7	31年6月	24
2019年	1,765	16	17	16	36年	21
2020年	1,744	19	14	8	37年6月	29
2021年	1,725	18	9	7	32年10月	29
2022年	1,688	10	6	5	45年3月	41
合計	－	210	104	81	－	260

無期刑受刑者の推移

（註1）法務省「無期刑の執行状況及び無期刑受刑者に係る仮釈放の運用状況について」の表1－1を基に筆者が作成（註2）「※1」にある「無期刑新仮釈放者」とは、無期刑仮釈放者のうち、「仮釈放取消し後に、再度収容され、再度仮釈放を許された者」を除いた新規の無期刑仮釈放者のこと

戦後最高に無期刑受刑者が多かったのは２０１３年で１８４３人でした。その後、緩やかに減少し、２０２２年には１６８８人まで減少しています。では、この１７００人ほどの無期刑受刑者がいる中で、仮釈放はどのように運用がなされているのでしょうか。

この10年で新たに無期刑受刑者で仮釈放が認められた人の平均年数は２０１３年の31年２カ月から２０２０年の37年６カ月の間を行ったり来たりする値で推移しています。一方で２０２２年の新規に仮釈放が許可された無期刑受刑者の平均在所期間は45年３カ月でした。つまり、

当初で確認したような「10年や20年で仮釈放される」という運用実態にはなっていないことが分かります。気づかれた読者の方もいらっしゃるかもしれませんが、数字を決められる有期刑は最大で、「（ふたつ以上の罪を犯したときに）30年」と先ほど述べました。そのことからも、無期刑の仮釈放までの収容期間が30年より下回る形で運用されることは想像し難いでしょう。

また、表からも分かるように、新規で仮釈放になった人の数（表の※1）は2019年を除いていずれも1桁の数字となっています。最新の2022年に至っては1688人中の5名が新規に仮釈放となっただけであって、その平均在所期間も45年を超えています。

実質的な終身刑

確かに10年や20年のようなスパンで仮釈放にはなっていないとしても、「いずれ出てくる」という部分には変わりがないので、やはり死刑廃止には「終身刑が必要であろう」という意見が出てくるかもしれません。しかし、表の右端にある「死亡した無期刑受刑者」の数を見てみてください。新規で仮釈放となった受刑者の数は1桁台の数字であったのに対して、少ない年で14名が、多い年で41名が刑事施設の中で亡くなっていることが分かります。

つまり、日本の無期刑は現在約1700人ほどが収容され、先ほど確認した厳しい基準をクリアした5人から10人ほどの受刑者が仮釈放を認められ、その2倍から4倍の人たちは仮釈放が認められることなく亡くなっていることが分かります。このように、仮釈放が認められる要件を満たしたごく僅かな人だけが仮釈放されるだけであって、日本の無期刑は実質的に終身刑としての運用がなされているのです。

もちろん、その年ごとの無期刑受刑者を見ている数字ですので、無期刑受刑者の全員が長期間入っているわけではありません。法務省の在所期間に関するデータによれば、2022年末の段階で、10年未満の者が無期刑受刑者全体の12・6%、10年から20年の者が46%、20年から30年の者が23・7%、30年から40年の者が13・2%、40年から50年の者が3・9%、そして50年以上の者が0・6%いるとされています。年齢構成としては、20歳代の1・3%が最も少ない年齢層で、50歳代の24・1%が最大となり、次いで

70歳代22・6％となっています。80歳代以上も7・8％おり、法務省の公表しているデータでは最高齢が何歳なのか判明しませんが、仮釈放審理状況を示すデータでは、許可されなかった受刑者の判断時の年齢が「90歳代」と記されている人がいることから、少なくとも1人以上は90歳以上の人も収容されていることが分かっています。

さらに、すでに終身刑としての運用がなされていると言えるような実態が少しずつ明るみになってきています。それは「マル特無期」の存在です。

1998年6月18日に最高検察庁は「特に犯情悪質等の無期懲役刑確定者に対する刑の執行指揮及びそれらの者の仮出獄に対する検察官の意見をより適正にする方策について（依命通達）」（最高検検第887号）いわゆる「マル特無期通達」を各地の検事長や検事正に向けて発出しています。通達による運用であるため、法律として議論されたわけではなく、この存在自体はしばらく知らされていませんでした。そのマル特無期通達の存在は2002年1月8日の朝日新聞の夕刊で報道されて初めて世間が知ることとなっています。

報道によれば、マル特無期通達の中身は「動機・結果の悪質性のほか前科や前歴などから同様の重大事件を再び起こす可能性が特に高いなどと判断した事件について地検や高検は最高検と協議し、指定事件に決まると判決確定直後に刑事施設側に「安易に仮釈放を認めるべきではなく、仮釈放申請時は特に慎重に検討してほしい」と文書で伝え、関連資料を保管すること。そして仮釈放に関する意見照会があった際に、こうした経緯や資料などを踏まえて地検が意見書を作成する」というものでした。法律によってではなく、通達レベルによっても仮釈放審査が厳しくなるような運用が行われており、判決直後から仮釈放の見込みのない無期刑受刑者が多数収容され、施設の中で亡くなっているということが分かってきました。

こうした無期刑受刑者の仮釈放に関する実態を知ってもらうことで、死刑の存廃の議論に大きな影響を与えるかどうかは分かりません。実際に死刑が最終的に選択されることもあるでしょう。しかし、読者の皆さんが裁判員裁判で、有罪認定後に刑罰について評議を行うことになり、もしも死刑か無期刑か、が争われる事案に遭遇した場合に、少なくとも「日本には終身刑がないから、簡単に出てくる無期刑では不十分で死刑にすべき」という議論が評議の場で起きていた際には、「日本の無期刑はそのような運用はなされていないのではないか」と疑問をなげかけられるようになってもらいたいのです。

5　抑止力についてどう考えるか

死刑に「抑止力がある」のか「抑止力はない（または証明されていない）」のかについても、少し検討をしておきたいと思います。

もちろん、仮に抑止力があると判明されたからといって、人権上の問題やその他の問題から死刑を維持してはならないという論点もあるでしょう。例えば、少数の人権侵害だから少数民族の人権が蔑《ないがし》ろにされていいということにはならないのと同じことです。

ただし、ここでは「抑止力」に限って議論を考えてみたいとも思います。

本当は、10年から50年など中長期間にわたって試験的に死刑を廃止してみて、実際にどの程度凶悪な犯罪が増減するのかを検討することができれば、抑止力の効果測定が可能かもしれません。しかし、そういった大規模な社会実験が困難な場合もあるのだろうと考えられます。

そういった大規模な社会的実験が行えないとしても、法改正によって死刑を廃止した地域や国、または10年以上の執行がない事実上の廃止州や事実上の廃止国において、その廃止や停止の前後で凶悪犯罪がどのように変動したのか、同規模の地域や国で死刑が存置されている、または廃止されている箇所を比較して凶悪犯罪の発生率はどのように異なるのかについては調査が可能かもしれません。

例えば、その参考のひとつとなる研究をしたのが、日本の検察研究や死刑研究で著名なハワイ大学のデイヴィッド・ジョンソンとUCバークレーのフランクリン・ジムリングです[3]。ジョンソンらの研究では、スペイン植民地時代やアメリカ植民地時代、フェルディナンド・マルコスの政権時代、フィデル・ラモス政権時代など、その時々の政権の状態や諸国からの統治下にあるかないかで激しく変化するフィリピンの死刑判決、そして死刑執行を検討しています。

フィリピンでは、この150年ほどの間で死刑が廃止され、復活し、再度廃止されるという歴史を繰り返しています。その中で、死刑執行が行われている期間でも殺人の件数は高いレベルにありました。1987年に死刑が廃止されましたが、殺人事件が大幅に増加するといったことはありませんでした。一方で、その後も死刑の復活を求める声が多く、1993年に復活した時には民衆の声に応えるように死刑ラッシュが起こり、死刑判決事件の約40％は殺人を伴わない事件であったとジョンソンは指摘しています。そのちに、その混乱期に出た死刑判決を再審査すべく新死刑立法が行われ、1500件以上の事件について審査を行い、そのうち270件のみが死刑判決を維持しています。そして、2006年には再び死刑廃止がなされました。

ジョンソンらの研究が示したのは、フィリピンにおいては死刑が存置されている時でも殺人は増加するし、死刑が廃止されていても殺人などの事件が減少するということは起きるということです。死刑があるかないかというよりは、その時のペナル・ポピュリズム（48頁）の変化や政治体制によって大きく影響が出るということでした。

アジアにおけるジョンソンらの比較研究はフィリピンだけに留《とど》まりません。本研究では韓国や台湾での動向についても検討しています。このどちらにも類似している点として、民主化の開始後に死刑判決と死刑執行数が減少したこと、検察官による死刑求刑に対しても裁判所が死刑判決を出しにくくなっていること、上級審において下級審の死刑判決を破棄しやすくなっていること、そしてどちらも死刑制度に対する世論の支持が根強いにも関わらず指導者らは死刑制度を廃止に向けて動き出しているという点などが指摘されています。

そして気になる殺人発生率については、国連薬物犯罪事務所（ＵＮＯＤＣ）のデータをもとに韓国を見てみると、死刑の事実上の廃止を行った１９９７年以降は10万人あたり０・６件から０・９件を推移しており、一番上昇した２００９年には１・１件となったもののその後減少し始め、２０１９年以降は０・５件台となり、２０２２年は０・５３件となっています。つまり、事実上の廃止をしていても殺人の発生率は減少しています。

もちろん、これらの国を見ただけで全体は語ることができません。さらに、抑止力があるとするにしてもないとするにしても、まだまだ不十分な調査と言えるかもしれません。ただ、想像で「抑止力がある」または「抑止力はない」というだけでなく、上述のように大規模な社会実験ができない以上、これら廃止した国や事実上の廃止国などの挑戦の前後を比較していくのは大事なことではないでしょうか。

第5章　日本の市民は本当に死刑を望んでいるのか

日本人は世論調査で8割を超える人が死刑制度に賛成をしていて、死刑を望んでいる国民であるという前提で語られています。しかし、本当にそうなのでしょうか。また、賛成だとしても、何がなんでも死刑はやり続けるという「賛成」と、いずれは廃止にすることもあり得るが、今は廃止にすることが困難ではないかと悩みながら「賛成」という人もいるかもしれません。

法務大臣の所信表明や初登庁後の質疑をご覧になったことがあるでしょうか。その筋の人（例えば司法担当の記者など）でなければ全部を拝聴したことはないという人が大半でしょう。恥ずかしながら、かくいう筆者自身も法務大臣の所信表明を一言一句逃さず聴いたことはありません。司法担当の専門家であっても、政権が変われば法務大臣が変わることもあるし、誰がどの所信表明をしたのかまでは把握できないという方も多いかと思います。

そんな法務大臣の所信表明ですが、どの法務大臣でもほぼ同じやり取りをする部分があります。それが死刑に関する質疑です。驚くことに、どの法務大臣であってもほぼ同種の問答が繰り返されていることに気づくでしょう。例えば、記者による「死刑制度について、大臣のお考えをお聞かせください」という質問に対し、２０２０年に上川陽子法務大臣（当時）からなされた回答をご紹介します。

死刑制度につきましては、我が国の刑事司法制度の根幹に関わる重要な問題であると考えております。国民の皆様、世論におきましても、こうした制度についての考え方については、様々な考え方があるということでございまして、こうした世論に十分に配慮しながら、社会における正義の実現等、様々な観点から慎重に検討すべき問題であると考えております。

国民世論の多数の皆様が極めて悪質、また、凶悪な犯罪につきましては死刑もやむを得ないと考えておりまして、多数の者に対しての殺人や強盗殺人等の凶悪犯罪がいまだ後を絶たない状況等に鑑みますと、その罪責が著しく重大な凶悪犯罪を犯した者に対しましては、死刑を科することもやむを得ないのであり、死刑を廃止することにつきましては、現在のところ、適切ではないのではないかと考えております。

ここから読み取れるのは、世論の多くが死刑に賛成であって、凶悪犯罪については死刑を科すこともやむを得ないので、現在のところは考えることができない。つまり時期尚早であるという部分です。これらは第4章で見たように伝統的な死刑賛成派の意見の中にもありました。このように現在の日本では、国民の多くが死刑に賛成なので、死刑についての議論は今行いませんと法務大臣をはじめとして政治家たちも発言しているというわけです。

おそらく廃止派の意見としては、そもそも、死刑を廃止した国のほとんどが、世論は死刑を支持していても廃止にし、特にフランスでは政治主導で廃止にしていたり、イギリスでは間違った執行があったことが明るみとなり、国民の支持が死刑賛成多数であるにもかかわらず、廃止に踏み切っていることなどを論拠に反論をすることになるでしょう。そして、仮に死刑によって人権侵害が生じていたり、残虐な刑罰として憲法に反するのであれば、仮に世論が支持をしていたとしても政治主導で廃止すべきものだと考えるでしょう。

それらの議論も大事なのですが、ひとまず本章ではその角度からではなく、本当に市民は死刑の存置を望んでいるのだろうか、そして、その議論をするのは時期尚早なのであろうかという点について一緒に考えていきましょう。

1　世論調査の質問事項は適切なのか

所信表明や伝統的な死刑賛成派の意見にあった「国民（市民）の多くが死刑に賛成」というのはどこから来ているのでしょうか。その根拠の大きなものとして、内閣府が5年に1度の世論調査を行っています。先の法務大臣の所信表明では2019年実施（2020年1月に公表）のデータが引用されています。

1994年から始まったこの調査では、死刑制度をめぐる世論として容認が73・8％（1994年）、79・3％（1999年）、81・4％（2004年）、85・6％（2009年）、80・3％（2014年）、そして80・8％（2019年）と高水準であり、国民の8割が

死刑制度の存廃

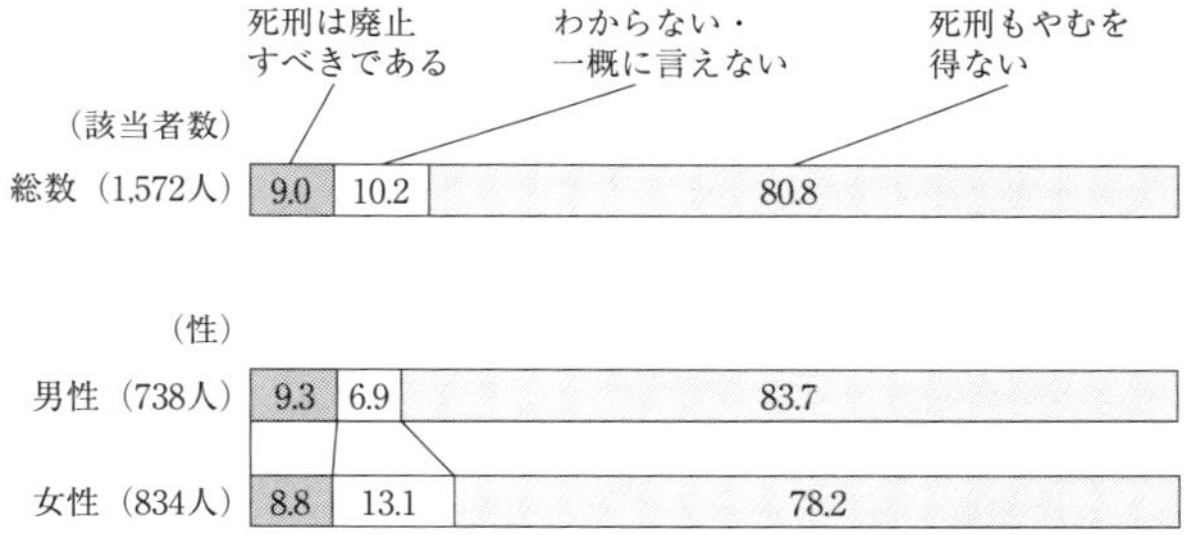

将来も死刑存置か

(死刑制度について「死刑もやむを得ない」と答えた者に)

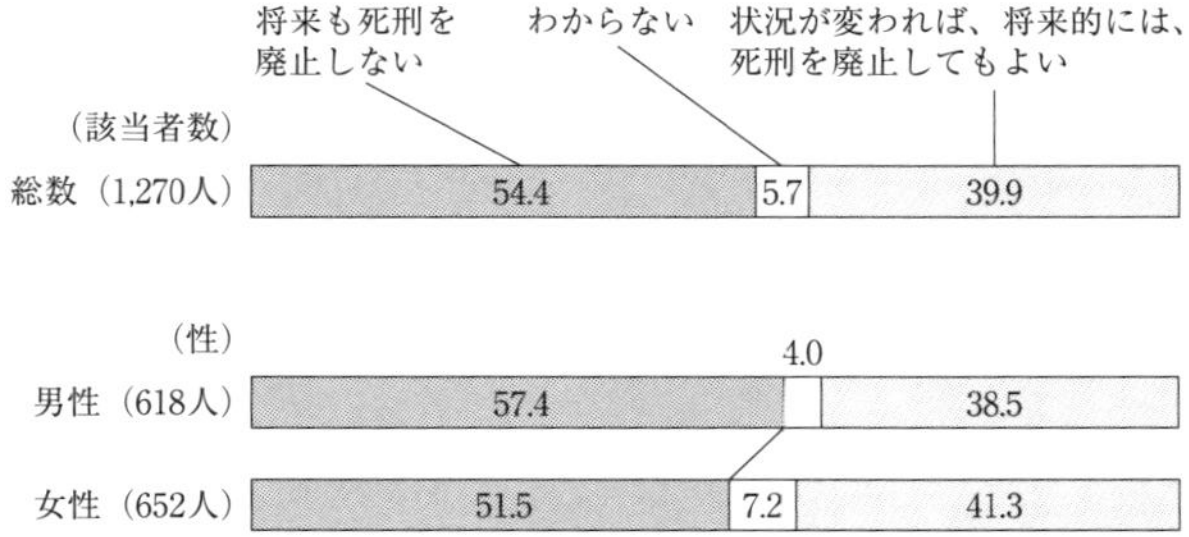

内閣府「基本的法制度に関する世論調査(令和元年 11 月調査)」より引用

死刑に賛成しているので時期尚早だという議論になっています。しかし、このロジックも注意が必要なポイントになっていますので一緒に確認してみましょう。

皆さんは内閣府が行っている世論調査の質問事項をご覧になったことがあるでしょうか。

2019年末に調査、2020年公表の「死刑制度の存廃」に関する質問と結果は以下のようなものでした。総数として1572人が回答し、それぞれ内訳は「死刑は廃止すべきである」(9・0%)、「わからない・一概に言えない」(10・2%)、「死刑もやむを得ない」(80・8%)となっています。男女差はあまりなく、「わからない・一概に言えない」の割合が男性の6・9%と比べて女性の方が大きい(13・1%)ことぐらいでしょうか。ここで読者の皆さんに質問したいのですが、この調査、どこか違和感はないでしょうか。

廃止を訴えている人は9・0%と1割にも満たない数字として出されていますが、この選択肢は「死刑を廃止すべきである」という積極的廃止論者の選択肢となっています。一方で、賛成論者とされている選択肢は「死刑もやむを得ない」という消極的賛成論者が答えるものになっています。

一般的に社会調査を行う際に大事なこととして、通常は対照的な質問事項を用いることが多いです。例えば、「満足、やや満足、やや不満、不満」といった選択肢を用いる4件法や、「とても当てはまる、やや当てはまる、どちらとも言えない、やや当てはまらない、とても当てはまらない」といった選択肢を用いる5件法と言われるものです。本調査で言えば、「わからない・一概に言えない」という中立的な選択肢があるために、5件法を用いるのが通常かと考えられます。

内閣府の質問方法では、8割を超えるという賛成論者のなかに「積極的賛成論者」と、「いつか廃止したい、または一定の条件が整えば廃止したい」、「無くてもいいかと考えるがどちらかと言えば賛成」といった消極的賛成論者においても、「死刑もやむを得ない」という選択肢が選ばれることになります。では、これらの問題に切り込む方法はないでしょうか。

実は、同じ内閣府の世論調査の中で、「死刑もやむを得ない」と答えた人に対して追加の質問がなされています。例えば、「将来も死刑に賛成か」という質問をしています。

こちらの回答では、「将来も死刑を廃止しない」（54・4％）、「わからない」（5・7％）、「状況が変われば、将来的には、死刑を廃止してもよい」（39・9％）となっているのが分かります。消極的賛成論者の中には将来的には死刑を廃止しても良いと答える人が4割いるということです。

2　死刑の廃止を議論することは時期尚早なのだろうか

質問の方法に加えて、さらに踏み込んで考える必要があります。先ほどの内閣府の世論調査で、仮に5件法で質問したとしても深く検討しきれない部分があります。それは、死刑の実態やそれを取り巻く日本の刑事司法について、どれだけの知識を得てから判断しているのか、それを知れば知るほどどう変わっていくのか、ということです。本書で言えば、読者の皆さんと一緒に確認してきた第1章から第4章、そして本章の後に続く第6章以降の日本の死刑制度のことや、前提となる刑事司法制度の問題を把握すると、これらの調査に変化があるかどうかということです。

これらの疑問に答えるべく注目すべき調査を行っている人がいます。それが佐藤舞さん（現在ロンドン大学バークベック校の教授で同大学刑事政策研究所のディレクター、国連の特別報告者）の調査がそれです。佐藤さんの著書『The Death Penalty in Japan: Will the Public Tolerate Abolition』（2013年）では、（1）「日本国民に公平な選択肢を与えた上で答えてもらう調査」、（2）「片方のグループに死刑制度に関連する情報が与えられ、もう片方には何も情報を与えないで公平な選択肢を与えて答えてもらう調査」、そして（3）「集められた人たちで日本の死刑制度について討議と意見交換が行われ、情報提供と意見交換がなされる前と後にアンケートを実施し、その後にインタビューを受ける調査」の結果が紹介されています。

つまり、（1）については、しっかりと5件法で調査したらどうなるのか、（2）は情報提供があれば調査結果はどうなるのか、（3）は情報提供だけでなく熟考し、議論を行うことで制度に対する見方はどう変わってくるのか、という点を検討するための実験でした。

では、ひとつずつどのような調査結果だったのかを見ていきましょう。まず、（1）の5件法にした場合に、内閣府の世論調査と大きな違いがあったのでしょうか。結論から書くと、答えはノーです。選択肢と回答率を見ると次のようなものでした。（死刑制度は）「絶対にあった方が良い」（44％）、「あった方が良い」（35％）、「どちらとも言えない」（16％）、「廃止した方が良い」（3％）、そして「絶対に廃止した方が良い」（1％）でした。

佐藤さんの調査では、絶対的存置論者（「絶対にあった方が良い」）と絶対的廃止論者（「絶対に廃止した方が良い」）を除いた、55％の割合が両極端でない「どちらでもない人」と考えることも可能であると述べられていたのですが、一方で、5件法にしても死刑に賛成の立場（「絶対にあった方が良い」「あった方が良い」）の人が79％であることも事実であり、やはり消極的な人も踏まえて賛成が大多数であると言える結果であったと分析されています。そこで重要になってくるのが次の（2）の調査です。

（2）の調査は回答者に死刑に関する情報が与えられているというものです（本書の読者の皆さんにとっては第4章などで既に触れられている内容などです）。その中でも特筆すべき事項としては次のようなものがありました。「日本の無期刑は現実的に仮釈放が、ほぼない終身刑に近い運用となっていること」（回答者の92％が「ほとんど知らない」か

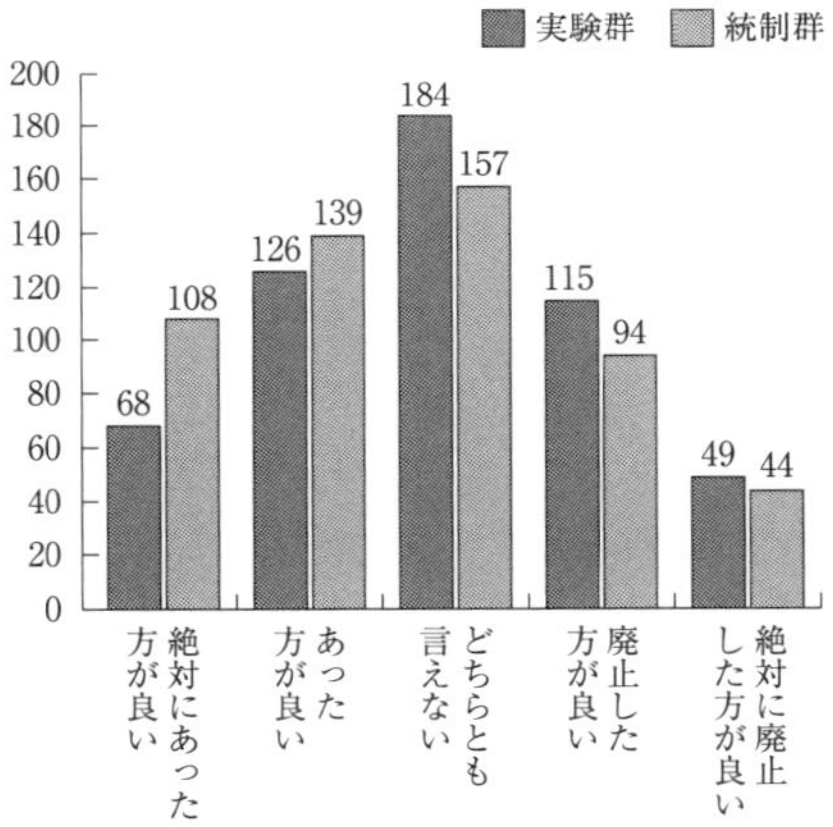

情報を与えられた場合と与えられていない場合の意見の比較

佐藤舞「日本の世論は死刑を支持しているのか」『法律時報』87 巻 2 号（2015 年）70 頁より引用（註 1）実験群と統制群：それぞれは N=542 人（註 2）数字は各意見を選択した回答者数を示す

「全く知らない」と答えています）。「戦後の殺人事件の発生率は減少していること」（回答者の85％が殺人の発生率は上昇していると考えていました）。「死刑制度に抑止効果があるとする科学的根拠は存在しないこと」（回答者の82％が抑止力に対して誤った認識をしていました）といったものです。

これらの情報が与えられた「実験群」と、与えられてない「統制群」とを比較してみると、（死刑制度は）「絶対にあった方が良い」と答える「統制群」の人は依然として多いも

の の、情報を知った「実験群」の回答者は「統制群」と比較して大幅に減少することが分かりました。そして、その減少した分は死刑反対派の「絶対に廃止した方が良い」という回答に移行するのかといえば、話はそう単純なものではありませんでした。「統制群（情報が与えられてない）」と「実験群（情報が与えられている）」に違いが出たのは「廃止した方が良い」（実験群が115人の回答に対し統制群は94人の回答）と、「どちらとも言えない」（実験群が184人の回答に対し統制群は157人の回答）でした。

このように、情報を与えられた「実験群」の方が廃止派になるというよりは、「どちらとも言えない」と回答する人が多く、少なくとも立場決定に迷う人が増えるということを示しています。この結果を受けて、佐藤さんは「死刑や日本の刑事司法制度への誤解に異議が唱えられたことによって、当初の見解に疑問を持つようになったからではないか」と指摘しています。

最後に（3）の調査についてです。（3）では（2）のように情報提供だけでなく、その問題について熟考し複数人で議論を行える場を提供することで、制度そのものの見方にどのような変化が見られるのかを試したものでした。

こちらの調査でも得られた結果は、回答者の半分は最初からの意見を変えることはなかったものの、残りの半分は存置から廃止へと変えた者と廃止から存置へと変えた者の両方があったということでした。さらに特筆すべきこととしては、その回答後にインタビュー調査を行ったところ、「自分の意見は死刑存置なのだが死刑反対の意見も理解する」といった発言や、その逆に「自分の意見は死刑廃止なのだが存置の人の意見も分かる」といった発言があり、自分とは逆の立場に立つ人への共感も生まれたということです。

これらの調査から分かったことはかなり重要なポイントを示しています。それは死刑や無期刑の施設内での死亡者数の問題、殺人が減っていることなど判断の土台となる知識がないままに死刑の存廃について答えている人が多いということ、そして、死刑を知れば知るほど、日本の刑事司法問題を知れば知るほど、少なくとも死刑制度の存廃について「どちらとも言えない」という立場決定に迷う人が多く出てくるということ、最後に、一方的な意見の表明ではなく自分とは立場の違う人がなぜそのような意見なのかについて考えるようになっていくということです。

議論の前提となる情報や知識は多くあった方がいい

本章の冒頭で提起した問題に立ち戻ってみたいと思います。日本の市民は本当に死刑を望んでいるのでしょうか。そして、それは従来の死刑存廃の議論で行われてきたように「時期尚早」という言葉で片付けて良いものなのでしょうか。

「はじめに」でも触れたように、本書の目的は、読み終わった後に死刑賛成派を死刑反対派にすることでもなければ、死刑反対派を死刑賛成派にすることでもありません。読者の皆さんが自分自身の答えとして賛成か反対かを考えるときに、死刑のことをどれだけ理解していて、そして死刑制度そのものを維持するために日本の刑事司法制度はその議論に耐えうるものを持っているのかどうかを知ってもらうというところにあります。

死刑に賛成の立場をとる時に、または死刑に反対の立場をとる時に、死刑制度への問題意識と、関連する日本の刑事司法の問題をどの程度考えているでしょうか。前提知識に誤解を持ったままの世論調査で死刑賛成が多く占めるということ自体に問題がありますし、知れば知るほど迷い出す人がいるという佐藤さんの調査からわかった指摘はとても重要なポイントではないでしょうか。死刑や刑事司法の情報も出さずに、考える機会や議論の機会も作らずに、死刑制度に賛成が多いから「時期尚早」と片付けることには問題があるのではないでしょうか。

このように議論の前提となる情報や知識は多くあった方がいいと考えます。そこで、次の章でも死刑賛成派でも死刑反対派でも知っておくべき問題として数十年の争いがある「日本の絞首刑は残虐か」という点を検討してみましょう。

＊

本書の出版直前に、5年おきに行われる世論調査の最新版が発表されました（2024年10月調査実施、2025年2月21日公表）。それについても少し解説をしておきたいと考えます[1]。2025年に公表された調査では、「死刑もやむを得ない」とする回答が83・1％で、「廃止すべき」との回答が16・5％でした。廃止すべきと答えた積極的廃止論者が過去に比べて増加したものの、消極的賛成論者は依然として8割を超えているという報道がなされています。

しかし、この調査については本書で紹介してきた2019年までの調査と異なり単純に比較できないものとなっています。例えば、その実施方法として、従来は対面で面接する形で実施されていたものが、2024年のそれでは調査票を郵送して実施するというものに変わっています。さらに、2019年までの調査では死刑制度に関する質問の選択肢が「死刑は廃止すべきである」、「死刑もやむを得ない」そして「わからない・一概に言えない」の3つであったものから、2024年の調査では「死刑は廃止すべきである」そして「死刑もやむを得ない」のふたつとなっています。本書でもその問題点として取り上げたように、両方の意見を公平に質問する5件法で行わないどころか、積極的廃止論者と消極的存置論者に分けるふたつの選択肢だけとして実施しています。これでは、本章でも取り上げてきたように死刑の実態や、それを検討する前提となる日本の刑事司法の問題を把握していない対象者に対して、迷っている人が全て消極的存置論者に吸収される形になってしまっています。

特に2024年10月に実施される調査では、これまでと異なった結果になるのではないかと考えられていました。その理由としては、死刑判決を受け死刑囚として過ごし、

47年を超える身体拘束の被害にあった袴田巖《はかまだいわお》さんの冤罪事件《えんざいじけん》に対して無罪判決が出た直後に行われた世論調査であったからです。その影響は「死刑は廃止すべきである」と答えた積極的廃止論者が、2019年の調査結果の9・0%から増えて2024年の調査結果では16・5%となったことからも見てとれます。しかし、本書で検討してきたように、知れば知るほど迷うようになった人や、もっと深く考えたい、即時の廃止は無理だけどゆっくり考えたいという人は全て「死刑もやむを得ない」の選択肢に吸収されてしまうことになったのです。

このように2019年まで定点観測されていた選択肢の動向と2024年のそれでは単純に比較できなくなってしまったことから、本書では追記で掲載することにしました。いずれにしても、共通して言えることは、調査に必要な前提知識とそれを踏まえて悩む人たちが良い面も悪い面も合わせて考えられる情報と機会が与えられていないということが言えるのではないでしょうか。

第6章　「死刑は残虐な刑罰か」の過去・現在・未来

1　死刑は憲法がいう「残虐な刑罰」にあたるのか

日本国憲法は第36条で「公務員による拷問及び残虐な刑罰は、絶対にこれを禁ずる」としています。つまり、死刑が残虐な刑罰だとしたら、それは憲法違反になる可能性があるということです。裁判所は、この問題をどのように捉えているのでしょうか。

1948年（昭和23年）に、死刑が憲法にいう残虐な刑罰に当たるのかが争われ、最高裁判所によって、残虐な刑罰には当たらないと判断をしています。その判決文において重要だと考えられる「理由」と「補足意見」にあたる部分を一部抜粋します。

【理由】

死刑は、冒頭にも述べたようにまさに窮極の刑罰であり、また冷厳な刑罰ではあるが、刑罰としての死刑そのものが、一般に直ちに同条にいわゆる残虐な刑罰に該当するとは考えられない。ただ死刑といえども、他の刑罰の場合における同様に、その執行の方法等がその時代と環境とにおいて人道上の見地から一般に残虐性を有するものと認められる場合には、勿論《もちろん》これを残虐な刑罰といわねばならぬから、将来若《も》し死刑について火あぶり、はりつけ、さらし首、釜ゆでの刑のごとき残虐な執行方法を定める法律が制定されたとするならば、その法律こそは、まさに憲法36条に違反するものというべきである。

【補足意見】

憲法は残虐な刑罰を絶対に禁じている。したがって、死刑が当然に残虐な刑罰であるとすれば、憲法は他の規定で死刑の存置を認めるわけがない。しかるに、憲法第31条の反面解釈によると、法律の定める手続によれば、刑罰として死刑を科しうることが窺《うかが》われるので、憲法は死刑をただちに残虐な刑罰として禁じたものとはいうことができない。しかし憲法は、その制定当時における国民感情を反映して右のような規定を設けたにとどまり、死刑を永久に是認したものとは考えられない。ある刑罰が残虐であるかどうかの判断は国民感情によって定まる問題である。而《しこう》して国民感情は、時代とともに変遷することを免かれないのであるから、ある時代に残虐な刑罰でないとされたものが、後の時代に反対に判断されることも在りうることである。したがって、国家の文化が高度に発達して正義と秩序を基調とする平和的社会が実現し、公共の福祉のために死刑の威嚇による犯罪の防止を必要と感じない時代に達したならば、死刑もまた残虐な刑罰として国民感情により否定されるにちがいない。かかる場合には、憲法第31条の解釈もおのずから制限されて、死刑は残虐な刑罰として憲法に違反するものとして、排除されることもあろう。しかし、今日はまだこのような時期に達したものとはいうことができない。

（最高裁判決：昭和23年3月12日）

簡単に要約すると、「確かに冷厳な刑罰ではあるが、直ちに残虐な刑罰とはいえない。しかし、今から考えれば火あぶりやさらし首が残虐だと感じるように、その執行方法も時代とともに見方が変わっていけば残虐な刑罰といえるかもしれない。さらに、死刑は永久に是認したものとは考えられず、国家の文化が発達し平和的社会が実現したならば、死刑もまた残虐な刑罰として国民感情により否定される日が来るかもしれない。しかし、今はまだそこに達してはいない」と１９４８年に考えていたことになります。75年以上前に、最高裁判所は、いずれ残虐な刑罰であると考えざるを得ない時が来るであろうと述べていたことになります。

読者の皆さん死刑が残虐な刑罰かどうかを判断するときに、何を検討材料として知りたいでしょうか。たとえば、死刑が執行される部屋を映像や写真で見たことはあるでしょうか。基本的にはあらゆる情報が非公開となっているのですが、執行室は公開されたことがありました。２０１０年8月27日に初めて、東京拘置所の死刑執行場が報道機関に公開されたのです。当時の千葉景子法務大臣の指示のもとで、前室や執行の際のボタン、立ち会い室からはどのように見えるのか、など一部が公開されたことがあります。しかし、絞縄はどのように使用されるのか、踏み板が開いた際に、どこまで落下するのかなどは不明なままでした。

そこで、その公開を受けて、福島瑞穂《ふくしまみずほ》参議院議員が2010年10月25日に質問主意書によって、本書でも第1章で確認した明治6年太政官布告65号（以下、布告とします）の示す絞架全図などと東京拘置所の死刑執行場との差異について、以下のような質問をしています。

（1）明治6年のそれとは形状や寸法が異なっているように見えるが、その認識は正しいのか

（2）踏み板から地面までの高さが異なるのではないか

（3）各刑場での死刑執行が布告の通りに運用されていないのであれば、その変更が行われた時期と内容を説明していただきたい

（4）海外において絞首刑が執行される際には、刑が執行される人の体重や体格によって絞縄の長さを調整し、落下させる距離の変更が必要とされている（落下距離や絞縄の長さによって意識を保ったまま窒息することがあり、死亡までの時間が長くかかることが指摘されていることや、落下距離が長いと胴体と首が切断される可能性も高いことなどから）が、日本の執行方法ではこれらの配慮はどのように行われている

のか

これらの質問に対しては、次のような返答が行われました。(1)や(2)については形状や寸法などに布告と異なる点があること、(3)については絞首された被執行者と床面との間に距離を置く運用については布告の絞罪器械図式と変わらないが、被執行者と床面との距離は個々の死刑執行によって異なること、(4)については被執行者の身長や体重を考慮し、確実に行うために必要な長さにしていること、などが説明されました。

質問のうち、「布告の運用との差異があるならばどのように変更されたのか」には正確な回答がなされていないように見受けられることから、福島議員は2011年1月24日に追加で質問主意書を提出しています。そして、2月1日に再び行われた政府の答弁では、布告と変わることなく、死刑の運用を変更したとは考えていないという返答があり、加えて福島議員とのやり取りで行われた、東京拘置所以外の刑場の公開を行う予定に関する質問についても、「刑場の公開を行う予定はない」という返答が行われました。

布告から変更したとは「考えていない」という返答は、政府がそのように考えていないだけであって、果たして本当に変更がないのかどうかは疑わしい点もあります。例えば、布告で定めていたのは屋上絞架式でしたが、公開された東京拘置所の刑場は地下絞架式に変更されているのではないかという疑問があります。

どちらも同じような効果ならいいではないか、と考える読者もいらっしゃるかもしれません。しかし問題なのは、唯一の死刑の資料として政府が持つ根拠となる布告と異なる絞罪器具によって死刑の執行が行われているとして、それを政府が「異なるものと考えない」とすれば、いかようにも微妙な変化が可能ということであり、またそれを検討するための公開も今後はしないというスタンスをとっているということです。

さらにそこから派生して、死刑情報の非公開という問題にも発展していきます。非公開にされるが故に検討できない問題は多方面にありますが、本章では、死刑が残虐な刑罰かどうかが検討できないことについて触れていきたいと考えています。なぜなら、先ほど見てきたように、憲法36条において「公務員による拷問及び残虐な刑罰は、絶対にこれを禁ずる」としており、仮に絞首による刑の執行が「残虐なもの」であったならば、憲法に違反する刑罰を運用していることになるからです。

本書の目的で確認したように、死刑反対の人だけでなく死刑賛成の人であっても、しっかりとした基準や運用なしに死刑を維持すべきと考えている人は少ないのではないでしょうか。つまり、憲法に違反して死刑を維持すべきとは考えていないはずです。この章では、日本政府や裁判所がどのように死刑の「残虐性」に向き合ってきたのかを確認していきましょう。

2　司法は何をもって「死刑が残虐ではない」と言っているのか

絞首刑による執行によって被執行者が死に至る経緯が日本の刑事裁判で医学的証拠によって示されたのは、１９５２年10月に東京高等裁判所で行われていた控訴事件においてでした。その証拠とされるものが同年10月27日付で提出された東京大学医学部教授で法医学の権威であった古畑種基博士による鑑定書でした（以下、古畑鑑定とします）。古畑博士は、法医学の観点からどのように絞首刑によって死に至るのかを同裁判で次のように説明しています。

頸部《けいぶ》に索条をかけて、体重をもって懸垂すると（縊死《いし》）、その体重が20瓩《キログラム》以上あるときは左右頸動脈と両椎骨動脈を完全に圧塞することができ体重が頸部に作用した瞬間に人事不省に陥り全く意識を失う。それ故定型的縊死は最も苦痛のない安楽な死に方であるということは、法医学上の常識になっているのである。

（中略）

絞殺が最も理想的に行われるならば、屍体《したい》に損傷を生ぜしめず、且つ死刑囚に苦痛を与えることがなく（精神的苦痛は除く）且つ死後残虐感を残さない点に於《お》いて他の方法に優《まさ》っているものと思う。

この説明によれば、絞首刑が残虐な刑罰に当たらないとする理由として（1）意識が瞬間的に失われ、（2）見た目上も屍体に損傷が生じず、（3）被執行者に最も苦痛のない安楽な死に方であって、（4）執行者にとっても残虐感が残らないためだとされています。

この古畑鑑定をもとに、絞首刑は残虐な刑罰に当たらないとした判断が1955年に最高裁から出されています。これ以後に絞首刑による死刑執行が残虐な刑罰に当たるかどうかを医学的に説明する鑑定は存在せず、70年以上経《た》っても同じ鑑定がその根拠とされています。古畑鑑定がかなり古いために、今は残虐と考えられるべきであり、即刻死刑を廃止すべきであると言っているのではありません。しかし、死刑賛成派であっても最新の医学や科学をもって絞首刑が残虐な刑罰に当たらないと証明する責任は負っているのではないでしょうか。あらゆる情報が非公開のままにされていることは、死刑反対派のみならず、賛成派の人にとっても大問題であると考える必要があります。テキトーな死刑の運用は許されず、現在の科学的な検証によった場合に、残虐な刑罰だとしたら憲法違反になるからです。

3 「首吊り自殺」研究の世界的権威が語ったこと

絞首刑の死刑執行が憲法に言う「残虐な刑罰」に当たるかどうかの司法判断は70年以上変わっていません。しかし、注目すべき裁判が2011年に大阪で行われています。それは、いわゆる「此花《このはな》パチンコ店放火事件」（大阪地裁平成23年10月31日1）での弁護側の証人とその証言でした。

日本では、2009年5月から裁判員裁判制度が始まり、裁判員裁判に該当する事件であり、かつ被害者が複数亡くなっている事件であったために、市民が死刑を判断する可能性が高かったのです。この事件で、担当の弁護団は改めて死刑が残虐な刑罰に当たるのではないかということを裁判員として参加する市民にも考えてもらいたいという思いも持っていたようです。そこで、この時点で約60年間維持されてきた古畑鑑定に対する疑問点をぶつけてみることにしました。それが、インスブルック医科大学法医学研究所副所長でオーストリア法医学会会長を歴任した経験もある著名な法医学者ヴァルター・ラブル博士の証人尋問でした。ラブル博士には、首吊《くびつ》り自殺《じさつ》や絞首による刑の執行が、被経験者の身体にどのような作用を及ぼすのかについて、長年にわたる研究と業績があったのです。

ラブル博士によると、絞首によって死に至る原因は次の5種類に大別されるということでした。

（1）頸動静脈《けいどうじょうみゃく》の圧迫によって脳に酸素が行かなくなること
（2）咽頭の閉塞によって息ができなくなること
（3）胴体と頭部の断裂
（4）延髄の損傷と圧迫に伴う椎骨の骨折
（5）迷走神経損傷による急性心停止

つまり、（1）は首の動脈が縄によって締め付けられることで脳に酸素が血を通して行き渡らなくなり死に至るというもの、（2）は首を締め付けられることで気道が塞がり、息ができなくなることで肺呼吸が困難になることによって死に至るというもの、（3）は物理的に頭部と胴体が離断することで死に至るというもの、（4）は呼吸や循環機能の中枢を司《つかさど》る部分である延髄が損傷や圧迫によって機能停止することで呼吸が止まり死に至るというもの、そして（5）は落下の衝撃で迷走神経が損傷し、急性心不全が起こることで死に至るというものです。

1952年に古畑鑑定が示したものにもっとも近いものとしては（4）であって、これならば瞬時に意識を失う可能性もあり得るし、やがて心臓死に至るものとされていま す（ただし、ラブル博士は（4）でも直ちに意識を失わないことの方が多く、延髄が破壊され て瞬間的に意識を消失することは稀《まれ》であるとしています）。

また、ラブル博士によると、ここで挙げた（1）から（5）の順番に発生する可能性が高いということです。さらに重要な点として、古畑鑑定の指摘する（4）による死亡は、ここでいう（1）から（5）の中でピンポイントで狙って行えるものではないということです。

では（4）以外では苦痛を伴うことがないのでしょうか。（1）は正確に首にある4本の血管の血流を完全に止めることが仮にできたとしても、圧迫から5秒から8秒間は意識があり、古畑鑑定がいう「瞬間的に意識を失う」が誤りであることになります。それも正確に血管を押さえられたらという場合であって、前後左右にズレたとすると脳に酸素が配給され、被執行者の意識は長時間にわたり保たれ続けることになります。

次に（2）はいわば息を止めている状態であって、実際に息を少し止めてみればわかりますが、ただちに意識を失うということはありません。通常人でも1分から2分、訓練をしている人であれば5分程度は意識が保たれ続けることになります。（3）のような頭部と胴体の離断であっても意識がすぐに失われないことが指摘されていますが、そもそも古畑鑑定のいう「見た目上にも損傷が生じず」と「執行者にとっても残虐感が残らない」には抵触するのではないでしょうか。

そして、（5）においても瞬間的に意識を失うどころか約10秒から12秒ほどは意識があり、その直後に心停止をきたすような迷走神経に対する刺激はほとんど起こらず、その間は苦痛を感じ続けることが指摘されました。

繰り返しますが、ラブル博士の証言で重要なことは、絞首刑によって死に至る機序は（1）が最も可能性が高く、古畑鑑定のいうものは4番目であって、さらにどの原因により死に至るかは事前に選択できないという問題があります。

しかし残念ながら、この裁判は正面から死刑の残虐性が憲法違反となるかどうかを判断した判決には至らなかった印象があります。たしかに、この事件では被告人の責任能力の程度と、絞首刑の憲法適合性の2点が争点となって、裁判員を巻き込んだ議論が行われました。しかし、これは個別事件として刑法犯の現住建造物放火、殺人、及び殺人未遂被告事件として取り扱われた事件とその刑罰執行方法に起因する審議の結果であって、死刑制度の違憲性そのものを正面から争うものではありませんでした。

そこで、2022年12月に大阪弁護士会の弁護団を中心として、すでに死刑が確定している人たちが原告となって死刑の違憲性について争われる裁判が始まりました。本書を執筆している段階でその判決は下されておりません。読者の皆さんも筆者と一緒にこの裁判の行末を注視していただければと考えます。

4　誰から見た「残虐性」なのか

「残虐性」について検討する際に、別の角度からも考える必要があります。それは誰から見た「残虐性」なのか、ということです。本人にとっての残虐性については本章でも取り上げてきましたが、第三者から見た客観的な残虐性はどうなのかについても考える必要があります。

例えば、第1章で触れた坂本敏夫《さかもととしお》さんの証言にもあるように、刑を執行する刑務官の心理的負担も重大な問題のひとつとなっています。あるいは、刑の執行に立ち会う検察官はどのように見ているでしょうか。立ち会った経験のある検察官が残虐性について語っている資料は見当たらないのですが、裁判で証言をしている例があります。それが、先ほどの此花パチンコ店放火事件で証人として発言をした土本武司《つちもとたけし》さんでした。

土本さんは司法試験合格後に検察官となり、最高検察庁検事を歴任したのち、筑波大《つくばだい》学《がく》ほかで教鞭《きょうべん》をとった法律家です。自身は死刑存置の立場でありながら、この事件では絞首刑が憲法違反であると主張する弁護人側の証人として出廷され、「(絞首刑については)むごたらしく、正視に堪えない。限りなく残虐に近いもの」と証言しました。

また、同裁判で土本さんは「少し前まで呼吸し、体温があった人間が、後ろ手錠をされて両脚をひざで縛られ、踏み板が外れると同時に自分の体重で落下し、首を基点にしてユラユラと揺れていた。あれを見てむごたらしいと思わない人は、正常な感覚ではない」という証言もされています。

つまり、刑の執行に立ち会い、死刑存置派の元検察官であっても、絞首刑が残虐な刑罰でないかどうかは議論が必要だという立場を取られているということが分かります。

5　時代と共に変化する「残虐性」

被執行者や執行者ではない一般人から考える「残虐性」はどうでしょうか。「残虐性」や「非人道性」は時代と一緒に変化するものかもしれません。日本では、大きな事件があると「一番重い刑罰を執行すべき」という考えのもとで「死刑に値する」と疑いなく考える人は少ないかもしれません。

しかし、第1章でも触れたとおり、ヨーロッパなどにある刑罰博物館などに行くと、死刑に対する取り扱いが日本のそれとは全く異なることに驚くことがあります。筆者が訪問した刑罰博物館では「死刑は1900年代に存在した古い刑罰」として歴史の一部として語られていました。たしかに、ノルウェーなどは1905年に死刑を廃止しています（1945年の第二次世界大戦時に一時期だけ復活）。すでに120年間以上死刑が廃止された状態で生活をしている人たちなので、そもそも前提として想定する刑罰に死刑が存在しません。

「海外は海外。日本は日本」と考える人もいるかもしれません。ただ、同じ日本でも、時代によって残虐な行為については考え方が変化しているのではないでしょうか。例えば、江戸時代には死刑の方法として、首を切った後に3日間さらされる「獄門」がありましたし、市中引き回しの後に広場の土に首だけ出るようにした「鋸挽《のこびき》」の刑もありました。柱にくくりつけて火炙《ひあぶ》りにされる「火罪」というものもあります。戦国時代には被執行者の両手両足に縄をつけ、その縄の一方を牛にくくりつけて引っ張らせる「牛裂き」というものもありました。

こういった刑の執行方法を聞けば、目や耳を塞ぎたくなる感覚がある人も多いのではないでしょうか。なぜなら、それらはかなり昔に廃止されたものであって、現在は運用されていないからです。今の日本では当たり前だと考えている執行方法や死刑そのものも、実は当たり前のものではなく、廃止されて長く時間を置いたならば、「昔は残虐なことをしていたのだな」と思う日が来る可能性があります。ヨーロッパの刑罰博物館で旧世紀の歴史として描かれていた死刑制度に触れたことは、筆者にとってこのようなことを考えるきっかけとなりました。

以上、どちらの意見も大事だと言いながらも、ここまで死刑反対派の意見に偏った記述や論点を多く紹介してきました。それでもまだ、死刑はやむを得ないものなのではないかという思いが払拭し切れるものではないかもしれません。

そこで、続く第7章では、今なお死刑を存置する国として大国のひとつであるアメリカがどのように死刑制度と向き合っているのかを概観したいと考えています。ここでも繰り返しとなりますが、よく分からないまま死刑に反対することも、死刑に賛成することも問題であると考えています。仮に死刑存置の立場であっても、その意見を維持するためには、死刑がどのように運用されるべきかを考える必要があるのではないでしょうか。

次章で見るアメリカは、少なくとも日本のように秘密主義で執行を行わず、70年以上も前の鑑定を現在も維持するようなことはしていません。何度も死刑制度が憲法違反という判断が下されたり、合憲であるという判断が下されたりして、悩むことを諦めません。さらに、従来の冤罪問題《えんざいもんだい》だけでなく、量刑の冤罪問題にも積極的に取り組んでいます。

第7章　アメリカが死刑を維持するためにとった7つの観点

２０２４年12月23日、アメリカ合衆国大統領（当時）のジョー・バイデン氏は、連邦の犯罪で死刑判決が下されていた40名のうち37名について、仮釈放なしの終身刑へと減刑しました。

アメリカでは州で出された死刑判決については州知事が、連邦の裁判所で出された死刑判決については大統領が「恩赦」や「減刑」を行うことができます。大統領が権限を持つのは連邦の裁判所で死刑判決を受けた者だけですので、各州で死刑囚として過ごしている２０００人以上に対してこれを実行することはできません。減刑となった40名のうち、減刑の対象とならなかった３名は２０１３年のボストンマラソン爆破事件の実行犯、２０１８年のユダヤ礼拝所（シナゴーグ）で礼拝者を殺害した実行犯などで、いわゆるテロ関連や憎悪に基づく犯罪をした人でした。

元々、バイデン氏は死刑反対の立場で、就任中は連邦レベルでの死刑を執行していませんでした。一方で、ドナルド・トランプ氏は自身の任期中であった２０２０年７月に、連邦レベルの死刑執行を再開していました。それらの経緯や、死刑執行について発言している状態を踏まえて、トランプ氏が２０２５年から大統領に就任する前に手を打った形になっています。

このように、時の大統領が民主党なのか、共和党なのかが死刑制度のあり方に大きな影響を与え、過去の連邦最高裁判所においても制度そのものの合憲性と違憲性が何度も争われてきたのがアメリカです。

国際的に死刑廃止国と実質的死刑廃止国が年々増加していく中で、アメリカは死刑制度を維持している、先進国では数少ない国のひとつです。アムネスティ・インターナショナルによると（２０２３年12月31日現在で）死刑を全ての犯罪に対して廃止しているのは１１２カ国で、通常犯罪のみ廃止している（いわゆる一般的な刑法犯では廃止しているが軍事関連犯罪や特殊なテロ事件のみ死刑を残している）のは９カ国、事実上廃止している（一般的な刑法犯に死刑制度を維持しているが10年以上執行がなされていない）のは23カ国、そして存置している国は55カ国となっています。このうち、Ｇ７で死刑を存置しているのはアメリカと日本のみで、G20に広げてみても、存置している国として挙げられるのはインド、中国、インドネシア、サウジアラビアに限られます。内戦が今でも活発な国や経済発展の途上にある国を除けば、死刑を廃止している国よりも存置している国のほうが目立つというのが世界の情勢かもしれません。

そういった状況の中で、本章ではアメリカの死刑を取り巻く諸問題について光を当てたいと考えています。ここまでの章で見てきた日本の長期にわたる賛成派と反対派の水掛け論とは異なり、アメリカでは何度も死刑の諸問題に注目が集まり、その度に問題に向き合ってきているからです。

本書では読者の皆さんに、死刑に反対派であれ、賛成派であれ、議論をし尽くすことを提唱していますが、アメリカは、見なかったことにして議論を先延ばしにしているのではなく、死刑問題に向き合った結果として、死刑を存続させているが、廃止する州が増えているという姿を見せてくれています。本章ではアメリカが死刑を維持するためにとった7つの観点を見ていきます。

1　超適正手続（スーパー・デュー・プロセス）

被疑者・被告人となる人にとって、訴訟の相手となるのが検察（国）であるために、圧倒的な力の差が生じ、特に刑事裁判を中心とした刑事司法に巻き込まれることそのものが、大きな基本的人権の侵害となることがあります。そのため、一個人と大きな力を持つ組織との不均衡を少しでも解消することもひとつの目的として、いくつかの国では刑事訴訟法だけでなく憲法の条文の中にも適正手続（デュー・プロセス）の保障が規定されています。

こういった適正手続保障は、日本においては、主に第二次世界大戦後まもなく、アメリカの刑事訴訟法から影響を受けて整備されていったものです。その本場とも言えるアメリカでは、死刑事件について、さらなる適正手続が必要であるという認識のもとで、運用が行われています。それが超適正手続（スーパー・デュー・プロセス）と呼ばれるものです。ここではアメリカの死刑事件に関するスーパー・デュー・プロセスについて詳しい笹倉《ささくら》香奈《かな》さんの論考を基に紹介していきます[1]。

アメリカでは、死刑は特別な存在であるために、それを決定する手続も特別でなければならないという考えのもと、死刑事件が取り扱われています。その戦いは古く、例えば1972年に死刑の合憲性が争われたファーマン判決において、当時の死刑制度には恣意的な部分が存在し、誰に死刑が言い渡されるのか予測不可能な状態で裁判が行われていたことを問題視し、死刑制度は憲法違反であるとされました。何が問題であったかというと、刑罰の量刑の幅が広い状態で、裁判が行われ、被告人にとって自分の事件が死刑の対象となるのかどうかが不明瞭なまま裁判を維持することが問題視されたのです。

ちなみに、日本の刑事裁判手続は事実があったかどうかを決める審理と、有罪だと認められた後に刑の重さを決める手続は二分化されておらず、最後の最後に検察官が論告・求刑をするまで、被告人にとっては自分自身が死刑となりうる裁判を戦っているのかどうかがわからない状態で行われています。

ファーマン判決以後、どのような動きを見せたのかについて説明する前に、事実を決める審理と量刑を決める審理とが二分化されていない裁判を運営している日本が抱えている問題について解説をしていきます。

日本の刑事裁判の場合には、そもそも事件があったのか、なかったのか（事故的に起きたものなのか、それは自然発生的に起きたものなのか、誰かが故意に行ったことなのか）、証拠を用いて証明した後に、それが犯罪だとして犯人は誰なのかを裁判で決めていく作業を行います。

アメリカでは、まずこれが事件であり、犯人はこの人だと決める手続が終わった後に、別途、その人の刑罰を決める手続が行われます。いわゆる手続が二分化されているのです。しかし、日本ではこの事実を決める部分と量刑を決める手続とが分かれていないために、同じ裁判官と裁判員で事実を決めた後に、刑罰の重さを決めることになります。

特に日本の裁判に慣れている人や、初めてその問題に触れて違和感を持たない読者もいるかもしれませんが、無罪を主張している場合に刑罰を決める際、その主張がどう取り扱われるのかと考えたことはあるでしょうか。無罪主張をしている人が事実の部分で犯人だと決められた際に、そのまま同じ裁判で刑罰を考えるようになると、次のようなことが裁判官たちから述べられます。それは「被告人に反省が見られない」というものです。

しかし、無罪を主張しているのですから、事実を決める過程で反省をするということ自体がナンセンスではないでしょうか。もしも、無罪主張をしながら反省の弁を述べるように求められる裁判ならば、「私は無実です。無実ですが、やっていたら申し訳ない」という態度をとることになります。

プロである裁判官はひとつの手続の中で、事実を決める過程と量刑を決める過程を分けて考えることができるとしても、一般市民である裁判員は、説明を受けたとしても切り替えて判断できるでしょうか。また、裁判官といえども、死刑判決の際には枕詞《まくらことば》のように「被告人には矯正可能性なし、再犯可能性あり」と言います。これも当然のことで、死刑判決は他にとりうる手段がない場合に言い渡されるものなので、仮に矯正可能性がある上に、再犯の可能性が低い人を死刑にするのも矛盾が生じます。

刑事訴訟法上でも単純に手続を二分化することの問題点が多く指摘されますが、このように、少なくとも死刑案件については手続を二分化していない日本の刑事裁判の問題が見えてきます。

死刑を維持するための法整備

ファーマン判決以後のアメリカの問題に戻ります。裁判に向き合うにあたって自分が死刑を問われるかどうかが不明瞭なままでの死刑制度の運用は憲法違反だという最高裁判決が出た以上、各州ではそれを避けながら死刑を維持するための法整備を行いました。例えば、一部の州では恣意性を排除するために一定の基準を満たす謀殺（計画をもってなした殺人）の場合に必ず死刑が言い渡されるように法整備をしたり（これによって起訴された時点で死刑が争われることが決まっているために、最後まで被告人が死刑が求刑されるかどうか分からないということはない）、その他の州でも死刑量刑判断のための手続を創設してガイドラインを作成したりしています。さらに、ファーマン判決から4年後のグレッグ判決においては、上記のガイドライン作成により陪審員の裁量を限定するためのガイドライン制を採用したジョージア州の死刑制度を再び合憲とする判決を下しています（ただし、注意が必要なのは、後者のガイドラインでの運用は死刑制度の合憲という判断が出たのですが、前者の謀殺の場合に必ず死刑を言い渡す「絶対的死刑制度」の運用については別の判決で憲法違反とされています）。

ここまで何度も触れてきたように、アメリカでは事実を認定する審理と量刑の審理が分けられ、二段階の審理手続が行われます。一般的に市民が陪審員として裁判に関わるのは犯罪があったか、なかったかを決める事実認定審理のみで、量刑審理には関わらないとされています。ただし、死刑案件については犯罪事実があって犯人がこの人だとする（Guiltyを言い渡す）ことそのものが死刑を言い渡すことにもなるので、死刑事件については陪審員も量刑を決めていると考えることができます。

そして原則として、死刑を科す判断をする場合に陪審員は全員一致で有罪という判断を下していることが条件になっています（ただし、フロリダとデラウェアでは単純多数決でも可とされており、アラバマでは10人以上の多数決で可とされています）。

死刑事件を扱う特別な弁護チーム

アメリカ法律家協会は死刑弁護のあり方についても特別なガイドラインを策定しています[2]。このガイドラインでは、死刑弁護のためにチーム制を採ること、その弁護チームには２名以上の死刑事件を扱う資格のある弁護士が必ずいなければならないとするもの他に、興味深いのは警察や検察が調べた証拠だけでは不十分で弁護側も調査する能力を有する調査員（Investigator）が必ずメンバーになること、そして特に減軽の証拠を集める専門家である減軽専門家（Mitigation Specialist）も必ずチームに入れて死刑事件に当たることが記されています。この減軽専門家は日本にはないユニークなものなので後述します。

ここで述べておきたいことは、これらのチームメンバーを必ず用意して、徹底した調査を行い、その調査に当たっては弁護チームに膨大な資金補助が用意されているということです。多くの州では公的弁護費用の制限がなく、アラバマ州を除く全ての州において、死刑事件については通常の刑事裁判だけでなく、裁判確定後も新証拠が発見された場合などに行われる人身保護の請求手続の段階でも公的弁護制度が存在します。ここにも、死刑は究極の刑罰である以上、手続も究極のものでなければならないというマインドが活《い》きているのかもしれません。

日本では、残念ながらアメリカのような公設弁護士事務所は各都道府県や市町村に存在しません。被疑者・被告人に資金的な余裕がない場合に利用できる国選弁護人制度がありますが、死刑事件であろうと制限なく資金が使えるというものは存在せず、限られた予算の中で弁護をするというのが現実になっています。

2　人権保障のための自動上訴

さらに日本の刑事司法制度と比べてアメリカの死刑制度には驚くべきことがいくつも存在します。そのひとつがいくつかの州で行われる「自動上訴」です。

前節で紹介したように、日本の国選弁護人制度は限られた予算の中で行われており、さらに限られた範囲の中で弁護活動を行っています。それが問題となる場面のひとつが、地裁から高裁、高裁から最高裁へと上訴するときではないでしょうか。基本的には日本において、国選弁護人が被告人に付くのはその裁判の期間中であるとされています。つまり、第一審では第一審で、高等裁判所では高等裁判所で弁護人が付きます。それぞれの判決で不服がある場合には2週間以内に上訴する必要があります。判決に対し不服のある被告人が上訴をしたいときに、先ほどの国選弁護人が付いた状態で行うことができるのですが、日本では本人がその上訴を取り下げて刑が確定するということが現実に起きています。

死刑に限らず、刑事事件で罪に問われている人は、あらゆる場面で自分の話や言い分を聞いてもらえることは少ないと言われています。確かに、被告人の一方的な思い込みや勝手な都合と解釈による発言であることもあるかもしれませんが、何を言っても受け取ってもらえない場合に自暴自棄になることもあります。また、判決内容に不服があっても争うことを諦め、何を言っても無駄だと鬱状態になるときもあります。そのような状態であるときに、弁護人がいない状態でも本人の取り下げによって判決が確定してしまうということが日本では起きています。

刑事訴訟法は第1条で「この法律は、刑事事件につき、公共の福祉の維持と個人の基本的人権の保障とを全うしつつ、事案の真相を明らかにし、刑罰法令を適正且つ迅速に適用実現することを目的とする」としています。

はたして、このような本人取り下げによる判決の確定がなされる国で、事案の真相を明らかにすることは可能なのでしょうか。たしかに、裁判のひとつひとつが独立したものので、3つの裁判を必ずしも経る必要がないという立場をとることも可能かもしれません。しかし、そうであれば別のところで矛盾が生じてきます。例えば、日本では先進国では珍しく、下級審で出された無罪判決に対して検察官が上訴し、上訴審で逆転して有罪となることが起きる国です。これは国際社会においては一度争われて裁判で無罪が出ているにもかかわらず、同じ犯罪の内容で裁判を行うことが「二重の処罰の禁止」に抵触する可能性が高く、筆者自身も「日本にはそれら二重処罰を禁止する規定がないのか？」という質問を法務省関係者が受けていた場面に、とある国際学会で出くわしたことがあります。

その返答としては「日本では三審制を採用しており、最高裁まで含めて大きくひとつの裁判として見ることが可能であるので、検察官が無罪事件を上訴することに問題は生じない」というものでした。仮にその立場をとるのであれば、本人の取り下げで確定することも疑問が生じます。最高裁までやってひとつと考えるというのであれば、法的にサポートがない状態で精神的にも不安定な人が命に関わる法的判断を決められる制度を持つ国が死刑を維持してもいいのでしょうか。少なくとも国としては徹底した調査や裁判が行われて初めて死刑制度が維持される必要があるのではないでしょうか。地方裁判所では明らかにならなかったことについて被害者遺族も知りたいのではないでしょうか。

以上のような法制度の問題を抱えている日本に比べ、アメリカでは多くの州で死刑事件については自動的な上訴制度を持っています。つまり、事実認定の部分と量刑判断の部分の両方について被告人の意思とは関係なく自動的に上級裁判所に上訴が行われるのです。さらに、一部の州では比較均衡審査（Proportionality Review）が行われます。比較均衡審査とは、上訴審において類似する先例のデータを収集し、比較した結果、この事件に死刑を言い渡すことが重すぎる結果になっていないかどうかを調べる審査のことです。

また、アメリカの死刑事件では3段階だけでなく9段階の審査が行われることも珍しくないとされています。通常の州での裁判所で直接に上訴が行われ、その後に連邦最高裁判所へと上告が認められます。

さらに第1節でも触れたように、人身保護請求（Habeas Corpus）による審理を求めることもできます。例えば、新証拠が発見されたなどの場合には人身保護請求を求めることができ、その判断に対しても上訴することが可能で、さらに連邦最高裁への裁量上告が認められています。その後にも連邦の裁判所への人身保護請求手続が用意されていて、連邦地裁の後に連邦巡回区控訴裁判所、そして連邦最高裁への裁量上告も可能になっています。

つまり、何度も審査が行われることによって、第一審でなされた判断が間違っていないかどうかを精査する仕組みが、少なくとも日本より整っていると言えます。実際に第一審で出された死刑判決が最終的に大幅に減少したことも記録に残っています。

3　3つの「冤罪」のカタチ

「冤罪《えんざい》」と聞いて、読者はどのような事態を想像するでしょうか。おそらく、何の落ち度もない無実の人が犯人視され、有罪判決を受けて苦しんでいる様子を想像するのではないでしょうか。本書ではこれを「伝統的冤罪」と呼ぶことにします。日本でも記憶に新しい、2024年9月に無罪判決が出された冤罪袴田事件《えんざいはかまだじけん》は、真の犯人ではない人が犯人とされたもので、これにあたります。

しかし、そういった「伝統的冤罪」以外にも冤罪は少なくともふたつ存在しています。

例えば、実際にその事件や事故を起こした本人であることに間違いはないのだけれど、認定された事実が実際とは異なり適用される法律や条文が異なるものも冤罪の一種だと言われています。本書ではこれを「事実認定冤罪」と名付けます。この事実認定冤罪について具体的に例を考えてみます。

極端な例ですが、窃盗罪を言い渡すべき事実を行った人に殺人罪を言い渡すことがこの事実認定冤罪に当たります。読者の方々もさすがにこの間違いはないのではないか？と思うかもしれませんが、実際の事実と異なる立証と虚偽の自白がなされ、結果を起こした犯人ではあるが、検察官や裁判官が認定した「事実」と実際は異なるために「事実認定冤罪」となることは起こり得ます。より判断が難しい例で「事実認定冤罪」について考えてみましょう。例えば、被害者が死に至るという結果を起こした犯人がその人であることは合理的判断から認定されたとして、それが殺害の故意があって行った「殺人罪」であるのか、殺害の意思はないものの結果的に怪我《けが》をさせた延長で死の結果が起きてしまった「傷害致死罪」であるか判断が難しいという事案は現実によく起こります。大きな違いがないように感じるかもしれませんが、殺人罪の刑罰には死刑があり、傷害致死罪の最高刑は20年の自由刑になっています（条文の規定は3年以上の拘禁刑となっているので、期限が決められる自由刑の上限が20年までとなっています）。

つまり、世間で知られている「（伝統的）冤罪」とは別で、結果を生じさせた犯人であるとしても事実の認定が異なることで実際に言い渡される犯罪類型とは別の犯罪が認定され、本来受けるべき刑罰よりも重い刑罰を科されることも「冤罪」であるのです。

そしてもうひとつの「冤罪」は、「量刑冤罪」と呼ばれるものです。上記のふたつの冤罪とは異なり、実際の事件の犯人であり、事実認定も間違っていないとしても、その人にその量刑を科すべきかどうかの点で証拠などに依《よ》っていない「量刑冤罪」が起きうるのです。具体的には、全く同じ前科があり、全く同じ被害者の数で、全く同じ犯行によるものであっても、ある人は無期拘禁刑で、ある人は20年の有期拘禁刑で、ある人は死刑になるということが起きるということです。

しかも、裁判では証拠が重要視され、事実を認定する際には証拠がなければ決められないという前提にある中で、量刑に関するしっかりとした証拠が存在しないにもかかわらず、死刑かどうかが決められているという問題があります。これらを徹底して調べる役割を担っているのが、先ほど触れたアメリカの「減軽専門家」と呼ばれる人たちです。

4　死刑を支持するはずだった最高裁判事の反対意見

この量刑冤罪をめぐっては1994年のカリンズ判決まで遡る必要があります。ここでも死刑の合憲性が争われ、結果的には憲法違反とはならなかったため、大きな影響を与えていないと見ることも可能です。しかし、結論では憲法違反とはならなかったものの反対意見を述べた人がハリー・ブラックマン最高裁判所判事であったということが後に大きな影響を与えることになります。

このブラックマン判事は、共和党時代のリチャード・ニクソン大統領から指名された最高裁判所判事でした。これがどのような意味を持つのでしょうか。三権分立が徹底され、裁判所が独立した存在であることの意義のひとつとして、立法府が憲法にそぐわない法律を施行したとしても、裁判所がそれを違憲として止めることが挙げられます。しかし、どのような立場の人たちで構成されている裁判体であるのかも大きな要素のひとつとされます。つまり、民主党の大統領が指名した最高裁判所裁判官が多ければ、民主党の政策によった判決になりがちですし、共和党の大統領が指名した最高裁判所裁判官が多ければ、共和党の政策によった判決になりがちと考えられます。

実際に、保守派で死刑制度の維持には賛成であった共和党の大統領からの指名であったブラックマン判事は、1994年のカリンズ判決までは死刑を合憲とする意見を出していました（例えば、死刑は違憲としたファーマン判決では反対意見を出していたし、死刑が合憲となったグレッグ判決では多数意見側にいた）。最高裁のリベラル化を払拭することが期待され、著名なリベラル派のアール・ウォーレン最高裁判事によって維持されていた最高裁をより保守的に揺り戻すための判事としてブラックマン氏が指名されたという指摘もあるぐらいです。そのブラックマン判事が、1994年のカリンズ判決において死刑制度に反対する意見を出したのです。

新しい冤罪論者

ブラックマン判事をはじめ、保守派で制度的には死刑を支持しつつも死刑に反対した人々は「新しい冤罪論者（New Abolitionist）」と呼ばれるようになっていました。アメリカの新しい冤罪論者が興味を示し、指摘したのは「量刑冤罪」についてでした。例えば、このカリンズ判決において、リベラル派の最高裁判所判事であったブレナン判事やマーシャル判事も死刑に反対の意見を出していましたが、これは従来からのリベラル派が指摘してきたような「死刑は制度として不要である」といったものや「人道的な側面から死刑の違憲性を訴える」といったものであったのに対し、ブラックマンの反対意見は、量刑で死刑が言い渡されるその手続自体に焦点を当てて違憲性を指摘しているものでした。

ブラックマン判事はカリンズ判決で死刑に反対意見を出すまでは死刑存置の立場であったということは上述のとおりです。しかし、当たり前のことですが、感情論などから厳罰化を望んでいるのではなく、法を厳格に守るべきだという保守の中道をいく立場からの死刑賛成の立場をとっていたのでした。

ブラックマン判事は死刑においては「公正」と「合理的一貫性」が共に満たされなければならないということは揺るがないものであるにもかかわらず、死刑の求刑や判決は恣意性と差別が存在することに疑問を示したのです。つまり、アメリカ合衆国憲法が要請している「合理的な一貫性」が死刑では実現できないという保守派からの死刑反対意見だったのです。

この「死刑の運用は公正で合理的一貫性が求められる」という見解は1974年のファーマン判決で示されたものでした。公正であるためには、量刑手続では死刑を科しうる犯罪が起きたことが事実認定で確認された後に、どの人がなぜ死刑になるかにおいても証拠を用いて公正に合理的一貫性を持って証明すべきであるのに、それが実現していないということに疑問を示したものです。

より具体的な事例として、次節で実際に167名の死刑囚を一括して減刑（3名が40年の自由刑、残りが仮釈放なしの終身刑）にした、新しい冤罪論者であり、イリノイ州知事であったジョージ・ライアンについて触れることにします。

5　死刑囚167人一括減刑の理由「I Must Act」

アメリカでは伝統的冤罪に関わるケースが多く報告されており、イリノイ州でも1977年に死刑制度が復活して以来、間違って行われた死刑執行が12件もあったのではないかということが、後のＤＮＡ鑑定などで判明していたとされます。これを受けて、ジョージ・ライアン知事は刑の執行を停止する「モラトリアム」を２０００年から行い、徹底した調査を行っています。

就任時は死刑制度の存続支持の立場を強固にとっていたライアン知事が調査を行うきっかけとなった出来事は、死刑執行の48時間前になって調査をした結果が（伝統的）冤罪であったことが判明したことであると報道されています。そして、２００３年1月11日にシカゴにあるノース・ウェスタン大学の講堂にて、当時死刑囚として房に収容されていた全員を一括減刑としたのです。

死刑支持者であったライアン知事がなぜ死刑反対の立場になったのでしょうか。執行直前に冤罪が判明したケースを知ったことも大きいのですが、ブラックマン判事などの新しい冤罪論者の議論に賛同したことの影響もあったと言えるでしょう。ライアン知事が講堂で宣言した「I Must Act」を複数回引用しながら見てみましょう[3]。

イリノイ州の死刑問題について、減刑に関して本当の権限を有しているのは検察官たちなのかもしれない。その権限は毎日のように行使されている。（中略）彼らこそ、誰が死刑に相当で、誰が司法取引などによって刑罰から逃れられるのかといったことを決定している。この検察官たちの意思決定をさせることと、それらを客観的に判断できる基準はあるのだろうか。しかし、それらは公表されておらず、我々がそれを知ることができないのだ。

この部分でライアン知事が訴えたかったことは何でしょうか。アメリカでは各州でそれぞれ法律を持っているため、死刑を維持している州もあれば死刑を廃止している州もあります。そのため、死刑を執行するのか恩赦で減刑するのかを最終的に決定するのは各州の知事の権限となっています（ただし先述の通り、連邦の犯罪で連邦裁判所で死刑判決が確定した人に対しては大統領がその権限を持っています）。この一括減刑という判断はライアン知事が退任する直前に行われたために、権利の濫用として保守派を中心に激しい批判にさらされました。

しかし、ライアン知事が訴えたのは「本当の量刑を左右する権限を持っているのは検察官なのではないか?」ということです。なぜなら、死刑を求刑するかどうかは検察官に依拠しており、誰が死刑になって誰が死刑にならないかは検察官が行う求刑が一番大きな要因となっているということです。

さらに、それは何を根拠になされているのかが全くもって不明瞭ではないかということがライアン知事の疑問でした。事実認定は証拠によって証明されたものにだけ依拠しますが、同じ裁判で決定される量刑においては全くブラックボックスのままではないかということがここでの疑問の本質でした。

もしもあなた方が事件を個別的に、そして総合的に検討していけば、同じ状況で行われている殺人事件であっても、とある郡では40年の拘禁刑判決を受け、また別の郡では死刑を宣告されることが起きていることを知ることになるだろう。

3年間のモラトリアム期間における徹底した調査で見えてきたのは、同じような事例(例えば前科が類似、被害者の数が一致、計画的犯行かどうかも一致など)にもかかわらず、その事件を管轄する検察庁によって求刑が死刑の場合もあれば、終身刑の場合もあり、期限が決まっている有期刑の場合もあったということです。誰が死刑になるべきなのか、その基準がなく非常に恣意的であると考えざるを得ないケースが複数存在することでした。

さらに、私は別の問題点も目の当たりにしてきた。それは、同じ事件の共犯関係にある者同士で、一方では有期刑のレベルに落とされて判決を受け、もう一方の責任が低いと思わしき共同被告人は死刑囚として人生を終えていくことがあるということだ。(中略)我々の死刑という制度そのものに悪魔のような欠陥があり、その苦悩に苛まれており、有罪決定における問題点、そして誰が死刑になるべきかを決定するものの欠陥によって苦悩に苛まれている。

この部分は、優秀な弁護が付くかどうか、被告人の捜査段階や裁判段階の資質によっても死刑が言い渡される人が誰なのかが左右され、司法取引で逃れられた人だけが死刑を回避し、より責任の低い共同被告人に死刑判決を下して事件解決と考えているのではないか、ということが疑問であると訴えています。そして「I Must Act」（行動しなければならない）と宣言したのです。

つまり、伝統的冤罪論で訴えている死刑廃止派の意見に加えて、事件が起きて、犯人とされる人はこの人であろうという事実認定は立証されたとしても、誰が死刑になって誰が死刑にならないかというポイントにおいて量刑冤罪が生じており、それがアメリカ憲法の要請する一貫性と公正性を確保することができない点において、死刑制度は反対の立場に立たざるを得ないというのが新しい冤罪論者の意見だったのです。

6　量刑冤罪を防ぐためのプロフェッショナル集団

ではそういった量刑冤罪が生まれないようにアメリカの死刑制度はどのように展開してきたのでしょうか。本章第1節の超適正手続でも触れた通り、死刑は究極の刑罰であるために、その手続も究極のものでなければなりません。この点において、アメリカ法律家協会のガイドラインでも示されていたように、死刑事件弁護に長《た》けている弁護士以外にチームメンバーにする必要がある「調査員」と次節で取り上げる「減軽専門家(Mitigation Specialist)」が特に重要になります。

調査員は証拠集めなどのエキスパートとして弁護チームに入ります。前職は警察官などの専門職であった人が多く、主に事実認定を左右する可能性がある証拠を調べる専門家です。

日本では捜査や証拠収集にあたる部分を全て警察や検察などの組織が行うため馴染《なじ》みがありませんが、無罪判決の中で証拠の捏造《ねつぞう》が指摘されていた冤罪袴田事件や、本人が無罪を訴えながらもすでに死刑が執行されているいくつかの事件のように、検察官が収集した証拠の中に犯人とされる人が無罪につながるかもしれない証拠が保管されている可能性もあります。しかし、検察官が持っている証拠を全て出してもらいたいという弁護士の訴えを聞き入れた裁判所が証拠リストの提出を検察に促《うなが》しても、検察がそれを拒否することが起きるため、警察・検察以外で適正に証拠を調べたり収集したりする専門家の存在が重要になっています。

7　適切な刑罰を示す減軽専門家

最後に取り上げるのが、減軽専門家です。

本章の中に「減刑」と「減軽」が登場していて混乱している人がいるかもしれません。マスコミでもその用語の使い分けに混乱している場面が散見されるので、簡単に確認しておきます。「減軽」とは裁判段階で法律上または情状などによって量刑を引き下げるときに使う用語です。具体例としては、裁判の途中で被告人から反省の弁が述べられ、被害弁償も済んでおり、被害者も寛大な処罰を望んでいる場合に量刑を下げるといった場合に使用する用語が「減軽」です。読者の多くが考えている「げんけい」の意味はほぼ全て「減軽」であると言えるほど、一般的な意味での「げんけい」はこちらの用語です。

一方で、「減刑」も法律上用語が存在しています。これはすでに裁判は確定している刑罰に対してなされるものです。日本で「減刑」が行われるとすると、恩赦による減刑がそれに当たります。もちろん全くないわけではないですが、日本ではなかなか恩赦が行われる機会が少ないために「減刑」の用語が使われる場面は少ないと考えていいでしょう。先のライアン知事が行った「げんけい」はこちらの「減刑」です。

さて、用語の違いがわかったところで、本節で取り上げる減軽専門家は「減軽」、つまり裁判の段階で量刑を引き下げる要因や証拠を集めてくる専門家のことを指しています。

刑事事件が起きた際に憶測で報道をしたり、一般人がインターネットにポストしたりすることに規制がかかることがない場合に（例えばオーストラリアなど一部の国や地域では犯人性を高めるような報道やＳＮＳなどの発信そのものが制限される法律が存在します）、事件を判断するために裁判所に集められた一般市民は、その段階で犯人とされる人を非人間的であると見なしていることがよくあります。その凝り固まったイメージを崩して「人間は人間である」ということを示すことが減軽専門家の役割のひとつです。

減軽専門家は量刑段階の調査員（Penalty Phase Investigator）とも呼ばれており、主に死刑事件の量刑段階のための証拠を作り提出する訓練を受け、経験を積んでいる専門家です。特に司法問題専門のソーシャル・ワーカーであるフォレンジック・ソーシャル・ワーカーであることが多いようです。

こういった専門家を入れた裁判を行わなければ死刑を維持できないとするのもいくつかの裁判例がそれを要求しているからです。量刑審理においては罰を重くする加重事由や逆に軽くする減軽事由が詳細に審査される必要があります。特に、減軽事由については行為や行為者に関連がある全ての証拠が提出されなければならないですし、それらの証拠は陪審員によって考慮されなければならないとロケット対オハイオ州事件（1978年）で指摘されました。さらに、減軽事由の調査は弁護人の義務であるとウィギンズ対スミス事件（2003年）では指摘されました。

減軽専門家は、事件が起きたのかどうか、犯人は誰なのかといった調査はしません。それは先の調査員が行うものであって、あくまで減軽専門家は「この人が犯人だった時に死刑に値する人なのかどうか。適切な刑罰は何なのか」を証拠をもって示す専門家です。

減軽専門家は被告人の精神疾患、それらに影響がある他の疾患、知的障害があるかどうか、幼少期から精神的または身体的虐待やネグレクトがあったかどうか、貧困問題や移住の問題、行為時に若年であったことや、施設収容の経験の有無などに加えて、将来の危険性についても調べて言及します。そのためには被告人だけでなくその両親の生い立ちや病歴などを調べ尽くします。両親が祖父母にどのように育てられ、どのような社会問題を抱えており、どのように被告人を育てたのか、被告人は家庭内や学校、職場やコミュニティでどのように育ってきたのか、本人の資質で何か障害などを持ち合わせていないのかといったことを調べます。被告人のライフヒストリーについて幅広い調査を行うとともに、心理学者や精神科医、その他の専門家たちから評価が必要な点を明らかにし、その資料を弁護チームに提出します。

これらを調査するために多くの州では費用の制限はありません。つまり、究極の刑罰である死刑事件においては、事実認定のみならず量刑の冤罪もあってはならないという理念に基づいて行われているのです。

このように、同じ「死刑存置国」といっても、アメリカのそれは何度も何度もその問題が指摘され、争われ、修正を試みて維持されていることが確認できます。

第8章　死刑存廃論のミニマリズム

1　本書の目的を確認する

本章ではここまでの振り返りと本書の伝えたいことを確認していきます。筆者が伝えたいことは大きく3点あります。

まず、(1)「死刑制度に賛成の人も反対の人も「死刑」のことをよく知った上で考える時間を持ってほしい」ということです。どんなに刑事司法制度や死刑制度に問題があろうとも、どんなに不備があろうとも、テキトーな刑事司法制度で死刑をやれという人は本書の対象者ではないので読まなくていいということを「はじめに」で書きました。死刑廃止論者はもちろんですが、死刑制度を維持するにしてもしっかりとした刑事司法とその運用がなされてはじめて死刑をするべきだと考えている死刑存置論者を対象の人として想定して書いています。

次に（2）「長年続いてきた死刑存廃の水掛け論から一歩前に進みましょう」ということです。大学の教員をしていると毎年学生が死刑についての報告やレポートをまとめてきます。ネット上にある誰が何を根拠に言ったかも分からないものは論外ですが、それなりに調べてきたものでも最後のさいごに自分の支持する側の意見をお気持ちで紹介して終わってしまっていることが多いです。死刑に抑止力があるのかどうかの結論に死刑に賛成ならば「抑止力がある」としますし、死刑に反対の人は「抑止力がない」という紹介をするのです。学生の報告では、残念ながらその根拠は「〇〇と思うから」というものでしかありません。これでは何十年と続く水掛け論から抜け出すことができません。死刑賛成派にしても死刑反対派にしても思い込みで話すのではなく、現在の刑事司法にどのような問題があるのか、どのような制度運用ならば死刑が維持できるのか、できないのかを立ち止まって考えてもらいたいと考え、本書を書いています。

最後に（3）「時期尚早と逃げるのではなく、しっかりと考えられる市民を信じて死刑の存廃論を正面から考えましょう」ということです。本書でも紹介したように死刑に賛成の人が多いものの、刑事司法の実態や無期刑で実質的に仮釈放なしの終身刑的運用が行われていることなどを知れば知るほど、市民は迷い出すことが佐藤舞さんの研究から説明されています。つまり、一足飛びに結論が真逆になることは困難ですが、多くの人が少なくとも「迷い出す」ということです。私はそれでいいと思います。悩みに悩んで死刑をどのように運用するのか、運用するとしたら究極の刑罰であるために究極の手続や間違いをなくすためにどのようにすべきかを市民が知るべきであろうと考えます。仮に死刑を維持するならば、そういった問題を理解した上で、テキトーでない死刑存置国でなければならないでしょう。その議論を本格的に行うためにも、すぐにでもモラトリアムを行い、国民全体を巻き込んだ議論をすべきではないでしょうか。

2　本書の構成を振り返る

前節のような目的のためにどのように本書が書かれていたのか、ここで振り返ってみましょう。まず、第1章では、日本ではどんな犯罪が死刑になるのか、実際には死刑はどのぐらい言い渡されていて、どのぐらい執行がなされているのか、執行方法はどれぐらいなのかといった「死刑の実際」について書かれています。歴史的変遷にも触れました。残念ながら公的な文書が限られていて、それらを開示請求しても出てこないために、死刑執行に関わった刑務官などの発言に頼る部分が多くなっています。この辺りも死刑がブラックボックスに入ったままであるということの証左ではないでしょうか。

次に第2章では、1990年代半ばから加速した「刑事政策暗黒時代」について触れていきました。ほぼ毎日のように目にする犯罪報道で多くの人が「日本の犯罪は増えている」「日本の治安が悪化している」と信じている時期がありました。もしかしたら、今でもそう考えている人も少なくないのかもしれません。その背景にはセンセーショナルに加熱する犯罪報道と、新自由主義の中で進んだ「ポピュリズム」が関係しています。専門家の意見よりも過激な犯罪対策を口にする政治家が好まれ、厳罰化が進んでいきました。犯罪の認知件数が増加し、検挙人員がそれに伴って増加しなかったことで検挙率は減少していきました。犯罪不安が高まったものの、実際に犯罪被害に遭った人は増えていなかったというのが犯罪被害者調査では明らかになっていった時代です。

この流れは2000年代の半ばで変化を見せます。それが山本譲司氏の『獄窓記』が出版され、刑務所の中にいる人が想定しているような極悪人ばかりではなく、社会で生きづらさを抱えている知的障害者や高齢者が少なくないことが明るみになったことがきっかけのひとつになっていました。

とはいえ、被害者が可哀想《かわいそう》ではないかという多くの声が厳罰化に拍車をかけていたのですが、第3章では想像で考える「被害者」と実際の「被害者」の違いについて、そして被害者を支援するとはどういうことかについて触れました。多くの人が「犯罪被害者」と聞くと、不慮な事件に巻き込まれた何の落ち度もない可哀想な存在としての「被害者」を想像するはずです。そういった被害者は確かに存在します。そういった人たちはもちろん、どのような被害者であっても十分なサポートを受けるようにすることが急務であることも論をまちません。ここで考えていったのは、支援が必要ないということではなく、「犯罪被害者」の実態と、彼らのニーズを知って適切な支援をしていくのがいいのではないかということです。

犯罪統計に表れない被害者の「暗数」にはじまり、日本の殺人事件の4割から5割近くが家族殺であること、よく見知った人の犯行を含めればもっと多くを占めることなどから、通り魔的に殺される犯罪被害者は刑事事件全体から見ればとても少数であることを説明しました。念のために繰り返しますが、そういった被害者がいないと言っているのではなく、また支援がいらないと言っているのでもありません。第3章で述べたのは、被害者は極刑を望んでいるという第三者のステレオタイプの「被害者像」が、実在する多くの犯罪被害者そのものを傷つけているということです。過激な意見は実際の犯罪被害者がどのようなニーズを持っているかを見えなくして、支援が不足している実態さえも覆い隠してしまっています。

第4章から「死刑の水掛け論」に切り込んでいきました。例えば、死刑に抑止力があるとする人たちからは死刑がなくなれば殺人などの凶悪な犯罪が増えるのではないかという意見が出されますが、そのようなエビデンスは存在せず、むしろ本当に「誰でもよかった。死刑になりたかった」という事件の供述をする被疑者がいるのなら（警察発表そのものにも疑問があるものの）、それは抑止どころか死刑を促進していることになります。また、行き過ぎたストーカー行為の果ての殺人などについては「一緒に死のう」と考えて犯行に出る人もいるので、死刑があることが抑止力を持ちません。一方で、これらの抑止力を持たないということもエビデンスがあるわけではなく、廃止論から唱えたところで水掛け論となっていきます。

そこで、第4章では伝統的な死刑存置論と死刑廃止論を紹介しつつも、それら思い込みの主張から一歩抜け出るための議論を提唱しています。例として出したのは日本の無期刑の実態についてでした。なぜなら「日本には終身刑がないために、無期刑ではいずれ仮釈放されるので死刑と無期刑の間に乖離《かいり》がある」という言説が多く聞かれるからです。しかし、実際の無期刑の運用は「いずれ出られる」という運用とは程遠い実態であることが分かっていただけたと思います。また、抑止力があるのかないのかについて、実際に数十年の死刑廃止を実施してみて凶悪な事件が増えるかどうかを試してみるのが一番良い確認方法なのですが、実際に社会実験として困難であるならば、同じような事件の発生率の国で死刑を廃止した国がどうなったのかを研究したデイヴィッド・ジョンソンらの研究があることを紹介しました。こういった研究を踏まえて「抑止力があるかどうか」思い込みの水掛け論から抜け出た議論が起こっていくことを期待しています。

次に、第5章では法務省や政府からよく「死刑廃止の議論は時期尚早である」とする根拠として出される国民世論について検討をしています。内閣府が5年おきに実施している世論調査では「死刑制度に賛成」としている人の割合が約8割となっているものの、その調査方法がいわゆる「5件法」ではなく誘導による選択肢となっている可能性があることを指摘しました。なぜなら、死刑廃止の意見は積極的廃止論者を聞き出す質問であるのに対し、死刑存置の意見は「やむを得ない」という意見の消極的賛成論者をも含む質問の仕方になっているためです。

そのような問題意識から、5件法で調査したらどうなるのか、死刑や日本の刑事司法の問題を知れば知るほど少なくとも迷い出す人が増えるということを紹介したのが佐藤舞さんの調査結果でした。つまり、ブラックボックスに入れたまま、市民によくわからない運用で「賛成を得ている」というのではなく、広く市民を巻き込んで議論を行う必要があることを示唆しています。

そして、第6章はブラックボックスに入れているが故に議論されることなく、実態が説明されることなく運用されている日本の問題のひとつとして「絞首刑」が憲法にいう残虐な刑罰の禁止に反するかどうかについて触れました。70年以上も前の古畑鑑定を、その間の科学技術の発展や人権問題の深化について議論することをせずに維持し続けている問題です。絞首刑が残虐な刑罰なのではないかという問いを議論するために、オーストリア法医学会の元会長であったヴァルター・ラブル博士を招き、縊《い》死《し》する際に起こるケースが説明されました。70年以上前に示された古畑鑑定のような死亡理由は必ず起きないことでもないが、確率的には5種類あるうちの4番目であることなどが示されていました。これらは一事例でしかありませんが、現代的な課題をしっかりと見つめ直す必要があることを示しています。

最後に第7章について振り返ります。すでに100年近く前に死刑を廃止しているヨーロッパ諸国に対して、今なお死刑を維持している国で日本が参考にすべきはアメリカでしょう。なぜアメリカを最後に確認する必要があるのか。それは、ブラックボックスに隠したまま想像で死刑を支持する市民のアンケートに頼った日本とは異なり、何度も最高裁判所で憲法違反となったり、その不備を整えて合憲となったりすることを繰り返しているからです。仮に死刑を維持するとしても、究極の刑罰を実施するのであればそれに見合った究極の手続をしなければならないという超適正手続（スーパー・デュー・プロセス）の考えのもとで運用されていました。これこそが、本書の冒頭から述べているように、テキトーな運用で死刑をすればいいと考えている人以外が考えなければならないものだからです。

日本のように自暴自棄になった被告人が取り下げて死刑が確定するような刑事司法でいいのでしょうか。冤罪袴田事件《えんざいはかまだじけん》のように伝統的冤罪事件も注目されますが、殺害の故意がない事件もその結果だけを見て「傷害致死罪」を「殺人罪」とする事実認定冤罪が起きていないでしょうか。そして、それらをクリアした事件であっても誰を死刑にして、誰を死刑にしないのかが公正性と一貫性が保たれた証拠によって証明された量刑冤罪がないように徹底された裁判が行われているでしょうか。

以上が本書で取り上げてきた論点です。

3　死刑存廃論の共通認識のためのミニマリズム

死刑の議論となると、凄惨な事件がきっかけとなって議論が行われるために、どうしても「死刑存廃論」の本質に辿《たど》り着《つ》く前に論者同士で決別することが多くなります。過激な感情論になることがあります。しかし、本書で確認したように一歩下がって水掛け論にならずに死刑の議論をする必要があります。

　犯罪被害者を置き去りにするのではないかと不安になる人がいるかもしれません。しかし、第3章で確認したように、それこそが冷静な判断で被害者のニーズに応えることになり、むしろ被害者支援となる一面も持っています。

　古くて新しいとも言える伝統的冤罪論がこれからも根強く問題点として指摘されていく必要ももちろんあるでしょう。しかし、従来の伝統的な死刑存置論と死刑廃止論の水掛け論から一歩進んだ議論をするために、死刑廃止論者は当然のことながら死刑存置論者をも巻き込んだ、しっかりとした死刑存廃論を展開する必要があります。

　時期尚早などという言葉でお茶を濁すのではなく、市民が情報にアクセスできるようにすべきではないでしょうか。そして、死刑存置論者であっても「ここまでやったのだから」死刑は制度として維持されていると言えるような議論がなされるべきではないでしょうか。思い込みの感情論でぶつかり合うのではなく、本当に必要な議論をするためのミニマリズム（必要最小限の要素）が共有されることを期待しています。

あとがき

その日は、うだるような暑さで、太陽よりもアスファルトから照り返された熱風で溶けてしまいそうな一日でした。関西のとある地域から依頼を受け、その街の治安対策の調査と検証をしていた研究を終えてやっとの思いで東京に帰ってきた2022年8月のとある日だったと記憶しています。大学に戻ると一通の手紙を法学部事務室で受け取りました。それは筑摩書房編集室の方便凌さんからの直筆の手紙だったのです。書かれていた内容は、中学生や高校生、大学生などの初学者が学びやすい「死刑」に関する書籍を一緒に作りたいというものでした。「プリマー（Primer）」は入門書という意味もあるように、初めて新書を手にとるような人に向けられた死刑についての新しい入門書を作りたいという想いが、その手紙には綴《つづ》られていたのです。

2018年からコロナ禍の直前までUCバークレーに留学をしていた私は、日本に帰国後は積極的に刑事政策や犯罪学について発信をして学問としての認知度を上げていこ

う と考えていました。２０２０年以降はYouTubeに出演したり、「丸ちゃん教授のツミナハナシ」というPodcast番組を立ち上げたりと以前よりもアウトプットを増やしたいと考えている時期でした。さらに、死刑に関しては、どうしても触れなければならない問題である上に、本書でも取り上げたように古くから争われている水掛け論のような死刑の存廃論に対して「このままではいけないな」と常々思っていたもので、手紙をいただけて嬉《うれ》しかったのを覚えています。

しかし、すぐに「引き受けます！」という返事はできませんでした。犯罪について市民向けに発信するとウェブ上やリアルな生活上でも批判の声が届けられることがあり、特に死刑の問題はその筆頭となるような重たいテーマであったからです。場合によっては大学へのバッシングがあるかもしれない。場合によっては抗議の手紙や電話のようなものがあるかもしれない。私が公私共に大変にお世話になっており、死刑問題についても発信を続けてこられた龍谷大学名誉教授の石塚伸一先生の研究室では、実際にいろんな思想の方々からの手紙などが届いているのを学部生時代から目の当たりにしてきました。

そういった不安があるなかで、死刑について取り扱うことの思いと、簡単に出せるテーマではないのだということを筑摩書房の方便さんに正直に伝えたところ、死刑をテーマに本を出すということの重みを再考してくださり、それでも世に発信していこうという話し合いができました。おかげで、厳しい原稿の催促もなく、なかなか原稿を出さない私に優しく進捗状況を確認してくださり、プレッシャーにも耐えることができました。ここでお礼を申し上げたいです。

そして、長年にわたり死刑の問題と向き合ってこられた石塚伸一先生が古稀《こき》を迎えられたこのタイミングでいただいた出版の話だったということも私が執筆をすることにした決め手となっています。先人たちが繫《つな》いできたこの議論を私だけでなく本書を手に取る若い世代にも伝える必要があり、そのバトンを繫ぐ必要があると考えたからです。特に若い世代には、よく知らないままで死刑存置論者にも死刑廃止論者にもなってもらいたくありません。それは、生まれながらにして死刑のある国、この日本で生まれ育っていることの責任でもあると考えています。ぜひ、次の世代が死刑についてよく学び、よく考え、よく議論して、死刑について私見を持てるようになっていただきたいです。当然に「入門書」であるために、ここから更なる専門書へと向かっていくことにもなるでしょう。本書がそのきっかけのひとつとなることを期待しています。

2025年3月9日

北風が冷気と花粉を運んでくる東京の片隅にて

丸山泰弘

註

はじめに

1 内閣府「基本的法制度に関する世論調査」（２０２０年1月）。5年ごとに行われる世論調査で、死刑に対する意識についても含まれている。

https://survey.gov-online.go.jp/r01/r01-houseido/index.html

2 令和4年版犯罪白書「6－1－5－1図：刑法犯　被害者と被疑者の関係別検挙件数構成比（罪名別）」

3 ジュリアン・B・ノウルズ〔訳：今村文彦〕「英国における死刑廃止：廃止までの道のりと現在につながる重要性」『CrimeInfo 論文&エッセイ集』5号（２０１８年）32頁以下。
https://www.crimeinfo.jp/wp-content/uploads/2018/03/05.pdf

第1章

1「5・15事件」は１９３２年に起こった海軍青年将校を中心としたクーデター事件、「2・26事件」は１９３６年2月26日に起こった陸軍皇道派青年将校によるクーデター事件。

2 いわゆる大逆事件とされる「幸徳事件」は１９１０年に明治天皇の殺害を計画したとして幸徳秋水ら26

名が皇室危害罪いわゆる大逆罪で大審院に起訴されたもの。

3　最高裁判所事務総局「令和5年における裁判員裁判の実施状況等に関する資料」https://www.saibanin.courts.go.jp/vc-files/saibanin/2024/R5-103.pdf（2024年12月31日最終閲覧）

4　石塚伸一「18歳の君に——あなたは、死刑を言い渡しますか?」『法学セミナー』732号（2016年）15頁以下では、これら死刑判決が集中して出されている時期と確定判決が出されている時期の変化について検討している。

5　坂本敏夫「死刑現場からの声：絞首刑を行う刑務官はどんな思いで職務を遂行するのか?」ニッポンドットコム（2023年2月28日）

https://www.nippon.com/ja/in-depth/d00885/

6　大阪弁護士会作成によるDVD「絞首刑を考える」（2014年）に詳しい（ネット上でも大阪弁護士会のHPにて視聴可能）。ここで記している執行方法や歴史的な変遷などは、この大阪弁護士会の資料をもとに執筆している。

7　刃物で首を刎《は》ねる執行方法。

8　晒し首にすること。

9　柱に縛り付けて槍で刺す執行方法。

10　「死刑廃止 - 最新の死刑統計」（2023年）アムネスティ・インターナショナル

https://www.amnesty.or.jp/human-rights/topic/death_penalty/statistics.html

第2章

1　詳しくは丸山泰弘「大学における矯正・保護分野の教育について――アメリカの犯罪学・刑事政策学教育から」丸山泰弘編著『刑事司法・少年司法の担い手教育』（成文堂、2023年）を参照してください。

2　山本譲司『獄窓記』（ポプラ社、2003年）。また、山本譲司『累犯障害者』（新潮社、2006年）でもこれまでの刑務所受刑者イメージとはかけ離れた実態を描き、本書では、彼らが加害者になったら当然に罰せられるべきだが、その前に彼らは人生の大半を不遇なまま過ごして来た被害者でもある事を忘れるべきではないということを述べ、生きづらさを抱えた人たちに十分な福祉的サポートが行き渡っていなかったことが事件発生の契機になっていることを指摘しています。

第3章

1　湯原悦子『介護殺人の予防――介護者支援の視点から』（クレス出版、2017年）など、湯原さんは、日本における介護殺人など家族間で生じる刑事事件について長年調査されており、研究も多数報告されています。

2　原田正治『弟を殺した彼と、僕。』（ポプラ社、2004年）

3　大岡由佳ほか「犯罪被害者等の実態から見えてくる暮らしの支援の必要性――511名の犯罪被害者等のWEB調査実態調査結果から」厚生労働統計協会編『厚生の指標』第63巻11号（2016年）23‐31頁

第4章

1　また国立国会図書館の「調査と情報」№１０１３において国立国会図書館の調査及び立法考査局行政法務課の小沢春希氏によって「死刑をめぐる論点【第2版】」がまとめられているのでそれも参照することとしたい。
https://dl.ndl.go.jp/view/download/digidepo_11152770_po_IB1013.pdf?contentNo=1

2　法務省「無期刑及び仮釈放制度の概要について」
https://www.moj.go.jp/content/000057317.pdf（２０２４年7月31日最終閲覧）

3　David T. Johnson and Franklin E. Zimring "The Next Frontier: National Development, Political Change, and the Death Penalty in Asia", Oxford University Press, 2009.

第5章

1　内閣府政府広報室「「基本的法制度に関する世論調査」の概要」
https://survey.gov-online.go.jp/202502/r06/r06-houseido/gairyaku.pdf（２０２５年3月3日最終閲覧）

第6章

1　大阪地方裁判所第2刑事部の判決文によると本事件は、「無差別に人を殺害する目的で、営業中のパチンコ店に火を放ち、5名を死亡させ、10名に傷害を負わせた事案につき、弁護人の心神耗弱の主張や絞首刑が「残虐な刑罰」（憲法36条）にあたるとの主張を排斥し、死刑が言い渡された事例（裁判員裁判対象事件）」とされる。

第7章

１　笹倉香奈「死刑事件の手続」『法学セミナー』７３２号（２０１６年）46－51頁。

２　American Bar Association, "Guidelines for the Appointment and Performance of Defense Counsel in Death Penalty Cases", 2003.
https://www.americanbar.org/content/dam/aba/administrative/death_penalty_representation/2003guidelines.pdf（２０２４年12月31日最終閲覧）

３　全文は「Death Penalty Information Center」が文字起こしをしているのでそちらを参照ください。
https://deathpenaltyinfo.org/stories/in-ryans-words-i-must-act（２０２４年12月31日最終閲覧）。また、本書では福田雅章「アメリカの死刑執行に関するモラトリアム運動の意味（下）」『山梨学院大学法学論集』第54巻（２００５年）１２５－１７４頁も参照しています。

本書が参考にした、もっと学びたい初学者にオススメの情報など

・大阪弁護士会「絞首刑を考える」
https://www.osakaben.or.jp/02-introduce/movie/hang/（2024年12月31日最終閲覧）
・CrimeInfo のホームページ　https://www.crimeinfo.jp（2024年12月31日最終閲覧）
・大谷實ほか『死刑制度論のいま——基礎理論と情勢の8つの洞察』（判例時報社、2022年）
・井田良『死刑制度と刑罰理論——死刑はなぜ問題なのか』（岩波書店、2022年）

ちくまプリマー新書

429
神さまと神はどう違うのか？
上枝美典
信仰の対象としての「神さま」と哲学の中で問題になってきた「神」はどう違うのか。「神」はいるの？「神」についてモヤモヤしている人におくる宗教哲学入門。

430
ナイチンゲール
——【よみがえる天才9】
金井一薫
ナイチンゲールは統計学を駆使して感染予防策を訴え、新しい病室の在り方を提案、医療の世界での看護師の地位向上を図るなど、新しい時代を切り拓いた人だった。

431
特色・進路・強みから見つけよう！大学マップ
小林哲夫
偏差値、知名度に左右されず、あなたにあった大学を探してみよう。進路、研究、課外活動など、テーマ別に大学をマッピングすると意外な大学に出会える可能性大！

432
悪口ってなんだろう
和泉悠
悪口はどうして悪いのか。友だち同士の軽口とはなにが違うのか。悪口を言うことはなぜ面白い感じがするのか。言葉の負の側面から、人間の本質を知る。

433
10代の脳とうまくつきあう
——非認知能力の大事な役割
森口佑介
幸福な人生のためには学力以外の能力も重要。目標の達成に関わる「実行機能」や、自信に関わる「自己効力感」など、10代で知っておきたい非認知能力を大解説！

ちくまプリマー新書

434
カブトムシの謎をとく
小島渉
ほんとに夜型？　天敵は何？　大きさはどうやって決まる？　カブトムシの生態を解き明かし、仮説の立て方、調査方法なども解説。自然研究の魅力はここにある。

435
はじめてのフェミニズム
デボラ・キャメロン
向井和美翻訳
女性にはどんな権利が必要？「女の仕事」はどう生まれた？　多様で複雑なフェミニズムの議論の歴史を、多様で複雑なまま、でもわかりやすく伝えます。

436
ランキングマップ世界地理
――統計を地図にしてみよう
伊藤智章
人口はまだ増える？　自然環境は大丈夫？　ランキングと地図で可視化すると、これまでと違った世界がみえてくる。トリビアな話題から深刻な問題まで総ざらい。

437
体育がきらい
坂本拓弥
ボールが怖い、失敗すると怒られるなどの理由で嫌われがちな体育だが、強さや速さよりも重要なことがある。「嫌い」を哲学で解きほぐせば、体育の本質が見える。

438
ケアしケアされ、生きていく
竹端寛
ケアは「弱者のための特別な営み」ではない。あなたが今生きているのは赤ん坊の時から膨大な「お世話」＝ケアを受けたから。身の回りのそこかしこにケアがある。

ちくまプリマー新書

440 ルールはそもそもなんのためにあるのか　住吉雅美

決められたことには何の疑問も持たずに従うことが正しい？　ブルシットなルールに従う前に考えてみよう！ルールの原理を問い、武器に変える法哲学入門。

441 食卓の世界史　遠藤雅司（音食紀行）

地理的条件、調理技術、伝統、交易の盛衰、権力の在り方――。「料理」を通してみると、歴史はますます鮮やかに。興味深いエピソードと当時のレシピで案内する。

442 世にもあいまいなことばの秘密　川添愛

「この先生きのこるには」「大丈夫です」これらの表現は、読み方次第で意味が違ってこないか。このような曖昧な言葉の特徴を知れば、余計な誤解もなくなるはず。

443 東大生と学ぶ語彙力　西岡壱誠

数学で使われる「定義と定理」の違いをきちんと理解できていますか？　語彙力は国語だけでなく全教科において重要です。勉強する「前」に語彙力を身につけよう！

444 学校に染まるな！　おおたとしまさ
――バカとルールの無限増殖

学校には、人類の叡智や希望が詰まっている。でも巧妙な出来レースも仕組まれている。さまざまな教育現場を見てきたプロが教える、学校をサバイブする方法。

445
人間関係ってどういう関係？
平尾昌宏
家族、恋人、友人――いちばんすぐそばにあり、実はいちばん摑みどころのない「身近な関係」をいちから捉えなおし、人間関係の息苦しさとさみしさをときほぐす。

446
数学の苦手が好きに変わるとき
芳沢光雄
数学が苦手な人は多いけれど、本当は誰にでも、「楽しい！」と思える瞬間があるはず。全国で3万人に授業をしてきたプロが贈る、数学の面白さに気づく1冊。

447
わからない世界と向き合うために
中屋敷均
この世は思いもよらないことが起きる。確率通りには物事は進まないし、予測しコントロールすることも難しい。それでも自分を見失わないための心構えを届けたい。

448
ニッポンの数字
――「危機」と「希望」を考える
眞淳平
縮みゆくこの国を待ち受ける未来は暗いのか？　社会を考えるための論点各々を、数字をベースに考えると、「危機」と「希望」の両面が見えてくる。

449
「叱らない」が子どもを苦しめる
藪下遊
髙坂康雅
「叱らない」教育に現役スクールカウンセラーが警鐘を鳴らす一冊。なぜ不登校やいじめなどの問題は絶えないのか。叱ること、押し返すことの意義を取り戻す。

ちくまプリマー新書

450
君主制とはなんだろうか
君塚直隆
この世界最古の政治制度がわかると、世界史がおもしろくなる！　君主の誕生から革命を経て、現代にいたるまでを一望する、かつてない君主たちの5000年史。

451
つながる読書
——10代に推したいこの一冊
小池陽慈編
SNSでつながった読み書きのプロたちが、10代に読んでほしい一冊を紹介しあう。人それぞれの思いが、言葉に乗り織りなされていく。君も本で他者とつながろう！

452
高校進学でつまずいたら
——「高1クライシス」をのりこえる
飯村周平
人間関係、通学時間、学校の雰囲気、授業や部活……進学後の環境の変化に馴染めていますか？　高校進学で起こりうる心の「つまずき」をのりこえるための本。

453
人生のレールを外れる衝動のみつけかた
谷川嘉浩
「将来の夢」「やりたいこと」を聞かれたとき、なんとなくやり過ごしていませんか？　自分を忘れるほど夢中になれる「なにか」を探すための道標がここにある。

454
刑の重さは何で決まるのか
高橋則夫
犯罪とは何か、なぜ刑が科されるのか。ひいては、人間とは何か、責任とは何か？——刑罰とは究極の「問い」である。早稲田大学名誉教授が教える刑法学入門。

ちくまプリマー新書

455 古生物学者と40億年 泉賢太郎

化石や地層に刻まれた情報から過去の地球環境や生命進化の歴史を明らかにするだけでなく、現在の生物を観察するなど様々なアプローチで研究するのが古生物学だ。

456 税という社会の仕組み 諸富徹

なぜ税を納めたくないのだろう？ 税は使途を選択し、払うことができる。税制の歴史、問題点や展望を見つめ、民主主義を実現するための税という仕組みを考える。

457 沖縄について私たちが知っておきたいこと 高橋哲哉

沖縄の基地問題を理解し、その解消を目指すためには、まず、沖縄が日本に併合された経緯やその後何度も本土のために犠牲になった歴史を知らなければならない。

458 ネットはなぜいつも揉めているのか 津田正太郎

日々起きる事件や出来事、問題発言をめぐって、ネットユーザーは毎日のように言い争っている。終わりのない諍いを生み出す社会やメディアのあり方を考える。

459 悪いことはなぜ楽しいのか 戸谷洋志

意地悪、ルールを破るなど、いけないことには絶妙に心躍る瞬間がある。なぜそういった気持ちになってしまうのか。私たちのダメな部分から「悪と善」を考える。

ちくまプリマー新書

460
社会学をはじめる
――複雑さを生きる技法
宮内泰介
調査は聞くこと、分析は考えること、理論は表現すること。この社会のことをみんなで考えてなんとかしたい人のための、三つの基礎が身につく入門書。

461
マンガでたのしく！　国会議員という仕事
赤松健
マンガ家から国会議員に転身して二年。議員の働き方や法律ができる過程など、政治の世界に飛び込んではじめてわかったことをマンガ「国会にっき」とともに解説！

462
料理人という仕事
稲田俊輔
腕一本で独立できる。イメージを形にして、人を幸せにできる。ルーティンワークのなかにクリエイティビティがある。そんな仕事から私たちが学べるものとは？

463
ことばが変われば社会が変わる
中村桃子
ひとの配偶者の呼び方がむずかしいのはなぜ？　ことばと社会のこんがらがった相互関係をのぞきこみ、私たちがもつ「言語観」を明らかにし、変化をうながす。

464
ひっくり返す人類学
――生きづらさの「そもそも」を問う
奥野克巳
世界には、「貧富の差」のない共同体や、学校に行かず「教わる」という概念も持たない社会が存在する。常識をひっくり返して考えた時、議論すべき本質が見える。

465
公式は覚えないといけないの？
――数学が嫌いになる前に
矢崎成俊
自分は数学には無縁だと思っていませんか？　実は、私たちは日々自然と数学しています。なんで？　と疑問を持った瞬間からもう数学は始まっているのです。

466
学力は「ごめんなさい」にあらわれる
岸圭介
聞く・話す・書く・読む・解く――5つの技能からことばが持つ意味と価値を正しく理解し、より高い学習能力とコミュニケーション能力を身に付けるヒントを示す。

467
東大ファッション論集中講義
平芳裕子
ファッションとは何か？　衣服とは？　12のテーマを通じて歴史と未来に問う。東大生の反響を呼んだ一度きりの特別講義が一冊となってよみがえる。

468
最新のスポーツ科学で強くなる！
後藤一成
国内外の最新の研究結果から導き出す効率的に鍛えるための新事実。競技力向上のために必要なトレーニング、コンディショニング、栄養補給についての30講義。

469
翻訳をジェンダーする
古川弘子
翻訳小説の女性達は原文以上に「女らしい」言葉で訳されている。翻訳と社会と私達の密接な関係を読みとき、社会に抗する翻訳、フェミニスト翻訳の可能性を探る。

ちくまプリマー新書

470
ぼっちのままで居場所を見つける
——孤独許容社会へ
河野真太郎
孤独を救うのは個人のつながりだけなのか。英文学の名著から映画・漫画までを網羅して読みとき、幸福な孤独のある社会を想像する。新しいカルチャー批評。

471
フィールドワークってなんだろう
金菱清
自分の半径五メートルから飛び出し、はじめて目にする世界に飛び込もう。考え方がひっくり返り、社会の見え方が変わるはず。じっくり話を聞くコツもわかる。

472
小説にできること
藤谷治
小説がなぜ書かれ、読まれるのか。小説は他にない特異な表現形式だ。小説好きも、そうでない人にも知ってほしい小説の計り知れない可能性について紹介する。

473
四字熟語で始める漢文入門
円満字二郎
四字熟語を手がかりに漢文の世界の扉を開けてみよう。骨太な歴史ドラマ、ド直球の人生論、奇妙な物語も⁉漢文を読み解くための基礎知識が習得できる一冊。

474
やさしい日本語ってなんだろう
岩田一成
在住外国人の増加や多国籍化が進む社会。身近な言葉も別の立場から見ればむずかしい。「外国人にも伝わる日本語」を通じてコミュニケーションのあり方を考える。

ちくまプリマー新書

475
はじめての戦争と平和
鶴岡路人
話し合いができれば戦争は起きないはずだ。軍隊がなければ平和になる。本当にそうでしょうか？　国際関係の読みとき方を知り、これからの安全保障を考えます。

476
イスラームからお金を考える
長岡慎介
イスラームには利子の禁止や喜捨の義務など信仰に基づいた経済の仕組みがある。今急速に発展しつつあり、世界の金融危機にも揺るがないイスラーム経済とは？

477
よりみち部落問題
角岡伸彦
たまたま被差別部落に生まれたために、部落問題についてあれこれ思い悩んだ半世紀。記者として取材した差別、共同体の過去・現在・未来、今こそ語りあかす。

478
読まれる覚悟
桜庭一樹
小説は、読まれてはじめて完成する。書き手の心を守り、読む／読まれるという営みをよりいっそう豊かにしていくための〝読まれ方入門〟。

479
「嘘をつく」とはどういうことか
——哲学から考える
池田喬
「嘘をついてはいけない」と言われるけれど、それでもなぜ人は嘘をつくのだろう？　自分らしさと誠実さの倫理をめぐり「人間の複雑さ」と出合う思考の旅。

ちくまプリマー新書

480
読めば分かるは当たり前？
――読解力の認知心理学
犬塚美輪
私達が文章を読むとき、内容を理解するだけでなく、感動したり、「それは違う」と思ったりします。こういう心の働きは、どのように起きているのでしょうか。

481
池上彰の経済学入門
池上彰
世の中を冷静に分析し、みんなの幸せを考えるのが経済学です。市場、貨幣、景気、資本主義、株式会社……キホンの仕組みや考え方を身近な例から解説します。

482
大学でどう学ぶか
濱中淳子
アウェイの世界に飛び込むこと、教員を活用すること――約80人の大学生の語りと理論から導いた、大学4年間を無駄にしないためのたった2つの成長の条件。

483
国際協力ってなんだ？
――つながりを創るＪＩＣＡ職員の仕事
大河原誠也編
ホンジュラスで柔道、広島で大縄跳び。東京で書類づくり、バングラデシュで堤防づくり。ＪＩＣＡ（国際協力機構）若手職員が語る、人と協力する仕事のリアル。

484
自分にやさしくする生き方
伊藤絵美
セルフケアは「一人で頑張る」ものではありません。本書と一緒に、心の根っこにあるストレスに気づき、解消して、自分にやさしくする技術を身につけましょう。

ちくまプリマー新書491

死《し》刑《けい》について私《わたし》たちが知《し》っておくべきこと

二〇二五年五月十日　初版第一刷発行

著者　丸山泰弘（まるやま・やすひろ）

装幀　クラフト・エヴィング商會

発行者　増田健史

発行所　株式会社筑摩書房
東京都台東区蔵前二－五－三　〒一一一－八七五五
電話番号　〇三－五六八七－二六〇一（代表）

印刷・製本　中央精版印刷株式会社

ISBN978-4-480-68522-3 C0232 Printed in Japan